Sanções Tributárias e os Princípios da Proporcionalidade e da Razoabilidade

Sanções Tributárias e os Princípios da Proporcionalidade e da Razoabilidade

2020

Maria das Graças Patrocínio Oliveira

SANÇÕES TRIBUTÁRIAS E OS PRINCÍPIOS DA PROPORCIONALIDADE E DA RAZOABILIDADE
© Almedina, 2020
AUTOR: Maria das Graças Patrocínio Oliveira
DIAGRAMAÇÃO: Almedina
DESIGN DE CAPA: Roberta Bassanetto
ISBN: 9788584936052

Dados Internacionais de Catalogação na Publicação (CIP)
(Câmara Brasileira do Livro, SP, Brasil)

Oliveira, Maria das Graças Patrocínio
Sanções tributárias e os princípios da proporcionalidade e da razoabilidade / Maria das Graças Patrocínio Oliveira. – Cidade: São Paulo: Almedina, 2020.

Bibliografia.
ISBN 978-85-8493-605-2

1. Contravenções fiscais - Brasil 2. Direito tributário 3. Direito tributário - Brasil 4. Sanções administrativas - Brasil I. Título.

20-32673   CDU-343.24:336.2(81)

Índices para catálogo sistemático:

1. Brasil : Sanções tributárias : Direito penal
343.24:336.2(81)

Maria Alice Ferreira - Bibliotecária - CRB-8/7964

Universidade Católica de Brasília – UCB
Reitor: *Prof. Dr. Ir. Jardelino Menegat*
Pró-Reitor Acadêmico: *Prof. Dr. Daniel Rey de Carvalho*
Pró-Reitor de Administração: *Prof. Me. Júlio César Lindemann*
Diretor de Pós-Graduação, Identidade e Missão: *Prof. Dr. Ir. Lúcio Gomes Dantas*
Diretora da Escola de Humanidades, Negócios e Direito: *Profa. Dra. Regina Helena Giannotti*
Coordenador do Programa de Pós-Graduação em Direito: *Prof. Dr. Maurício Dalri Timm do Valle*
Editor-Chefe do Convênio de Publicações: *Prof. Dr. Marcos Aurélio Pereira Valadão*

Este livro segue as regras do novo Acordo Ortográfico da Língua Portuguesa (1990).

Todos os direitos reservados. Nenhuma parte deste livro, protegido por copyright, pode ser reproduzida, armazenada ou transmitida de alguma forma ou por algum meio, seja eletrônico ou mecânico, inclusive fotocópia, gravação ou qualquer sistema de armazenagem de informações, sem a permissão expressa e por escrito da editora.

Março, 2020

EDITORA: Almedina Brasil
Rua José Maria Lisboa, 860, Conj.131 e 132, Jardim Paulista | 01423-001 São Paulo | Brasil
editora@almedina.com.br
www.almedina.com.br

Não se abatem pardais disparando canhões.
Jellinek

Dedico este livro a minha mãe, Edite Gonçalves de Oliveira (in memoriam), que me ensinou valores e princípios que sempre carregarei comigo.

AGRADECIMENTOS

Ao meu irmão, José Patrocínio da Silveira, pela revisão acurada do texto.
   Ao meu mestre e colega, Marcos Aurélio Pereira Valadão, por tornar possível esta obra.

PREFÁCIO

Recebi com prazer a solicitação para prefaciar este ensaio que a autora – Maria das Graças Patrocínio Oliveira – elaborou num efetivo empenho de pesquisa e investigação. O livro que ora vem a lume, é inspirado na sua dissertação de Mestrado na Universidade Católica de Brasília, da qual tive o prazer e a honra de ser orientador.

Maria das Graças, auditora fiscal da Receita Federal do Brasil aposentada, dedicou sua vida profissional ao difícil e delicado papel de intérprete da intricada legislação tributária. Foi chefe da Divisão de Tributação da Superintendência Regional da Receita Federal da 1ª Região Fiscal e chefe da Divisão de Normas Gerais de Direito Tributário da Coordenação-Geral de Tributação da Secretaria da Receita Federal do Brasil. Além de atuar como parecerista, participou intensamente na elaboração de atos normativos, desde portarias a instruções normativas, até propostas legislativas de leis a emendas constitucionais, sempre atenta à clareza e à razoabilidade; e na preparação cuidadosa de material didático para os cursos de Direito Tributário e Processo Administrativo Fiscal da então Escola de Administração Fazendária (ESAF).

Ao aposentar-se dessas tarefas, poderia, como é costume, dedicar-se ao *otium cum dignitate*. Optou, porém, por uma tarefa ainda mais desafiadora: voltar à Academia para se dedicar a uma pesquisa doutrinária e jurisprudencial sobre o complexo e relevante tema dos princípios da proporcionalidade e da razoabilidade no direito tributário sancionador e sua aplicação pelos tribunais superiores.

Os princípios da proporcionalidade e da razoabilidade vêm despertando cada vez mais o interesse da doutrina e são inúmeros os trabalhos produzidos sobre o tema; contudo, em matéria tributária é pouco desbravado. A pesquisa que ora publica, para proveito mais uma vez da Administração Tributária e dos contribuintes, está didaticamente exposta em cinco capítulos.

A obra se inicia com os conceitos de princípios, a compreensão dos princípios da proporcionalidade e da razoabilidade, perpassa pela interpretação constitucional e chega às sanções tributárias. Por fim, são coligidos exemplos trazidos pela jurisprudência dos tribunais de aplicação desses princípios no equacionamento dos litígios instaurados entre a Fazenda Nacional e os contribuintes. Demonstrou a autora que esses princípios, apesar de não estarem expressamente previstos na Constituição Federal, têm sido cada vez mais utilizados pelos tribunais superiores em demandas tributárias, em especial no direito tributário sancionador.

O *timing* para a divulgação da obra não poderia ser melhor. O Congresso Nacional, os governos estaduais e a sociedade estão, neste momento mais que nunca, conscientes de que o Sistema Tributário Nacional engendrado pela Constituição Federal de 1988, que pouco modificou a estrutura implementada pela Emenda 18/65 à Constituição de 1946, hoje já anacrônica, perdeu a funcionalidade e tornou-se um dos principais fatores de estagnação econômica, do agravamento da desigualdade social e da fragilização da Federação. Essa conscientização converteu-se em forte protagonismo da Câmara dos Deputados, do Senado Federal, do Comitê Nacional dos Secretários de Fazenda dos Estados e do Distrito Federal (Comsefaz). As Propostas de Emenda Constitucional 45, de 2019, da Câmara dos Deputados, 110, de 2019, do Senado Federal e o Substitutivo oferecido pelo Comsefaz, tendem a convergir para um modelo mais justo, eficiente e harmonizado com o mundo.

No novo sistema tributário que emergirá, os princípios da proporcionalidade e da razoabilidade terão um papel ainda mais proeminente. A leitura deste livro iluminará essa compreensão.

Marcos Aurélio Pereira Valadão
Professor de Direito Tributário da Universidade Católica de Brasília

ABREVIATURAS

- AC – Ação cautelar
- ADC – Ação Declaratória de Constitucionalidade
- ADI – Ação Direta de Inconstitucionalidade
- ADI-MC – Medida Cautelar em Ação Direta de Inconstitucionalidade
- CARF – Conselho Administrativo de Recursos Fiscais
- CC – Conselho de Contribuintes
- CDA – Certidão de Dívida Ativa
- CF – Constituição Federal
- CTN – Código Tributário Nacional
- IN – Instrução Normativa
- IPI – Imposto sobre Produtos Industrializados
- OAB – Ordem dos Advogados do Brasil
- RE – Recurso Extraordinário
- RESP – Recurso Especial
- RFB – Secretaria da Receita Federal do Brasil
- STF – Supremo Tribunal Federal
- STJ – Superior Tribunal de Justiça

SUMÁRIO

INTRODUÇÃO   19

CAPÍTULO 1. OS PRINCÍPIOS JURÍDICOS E SUAS CARACTERÍSTICAS   23
1.1 Princípios Jurídicos: Aspectos Conceituais   23
1.2 Princípios, Regras, Postulados e Valores: Características, Distinções, Funções e Conflitos entre Regras e Colisão de Princípios   26
    1.2.1 Princípios   26
    1.2.2 Regras   28
    1.2.3 Postulados   29
    1.2.4 Os Valores e sua Interação com as Espécies Normativas   31
    1.2.5 A Estrutura Normativa Proposta por Dworkin   33
    1.2.6 A Estrutura Normativa Proposta por Alexy   35
    1.2.7 A Estrutura Normativa Proposta por Canotilho   37
    1.2.8 A Estrutura Normativa Proposta por Humberto Ávila   38
    1.2.9 Síntese acerca das Proposições Referidas   40
1.3 A Constituição da República Federativa do Brasil como Sistema Aberto de Regras e Princípios   41
1.4 Interpretação Constitucional e suas Particularidades   43
    1.4.1 Conceito e Especificidades da Interpretação Constitucional   44
    1.4.2 Interpretação Pluralista   47

CAPÍTULO 2. OS PRINCÍPIOS DA PROPORCIONALIDADE E DA RAZOABILIDADE   49
2.1 Princípio da Proporcionalidade   49

	2.1.1 Origem e Desenvolvimento	51
	2.1.2 O Princípio da Proporcionalidade e seus Elementos	56
	2.1.2.1 Adequação	56
	2.1.2.2 Necessidade	57
	2.1.2.3 Proporcionalidade em Sentido Estrito	57
2.2	Princípio da Razoabilidade	61
	2.2.1 Origem e Desenvolvimento	61
	2.2.2 O Princípio da Razoabilidade no Direito Norte-americano	63
2.3	Distinção entre os Princípios da Proporcionalidade e da Razoabilidade	67
2.4	A Fundamentação Constitucional do Princípio da Proporcionalidade	71
2.5	Natureza Jurídica da Proporcionalidade e da Razoabilidade: Regra, Princípio ou Postulado?	73
2.6	A Proporcionalidade e a Razoabilidade são Princípios de Interpretação?	78
2.7	Críticas aos Princípios da Proporcionalidade e da Razoabilidade	79

CAPÍTULO 3. OS PRINCÍPIOS DA PROPORCIONALIDADE E DA RAZOABILIDADE E AS SANÇÕES TRIBUTÁRIAS — 81

3.1	Conceito e Natureza Jurídica das Sanções Tributárias	82
3.2	Distinção entre Infrações Tributárias e Delito Penal	83
3.3	Classificação das Sanções Tributárias	84
	3.3.1 Sanções Tributárias Pecuniárias	85
	3.3.1.1 Multa de Mora	85
	3.3.1.2 Juros de Mora	88
	3.3.1.3 Multa de Ofício	89
	3.3.1.3.1 Multa Isolada Decorrente de Compensação não Homologada	90
	3.3.2 Sanções Tributárias Não Pecuniárias	92
	3.3.2.1 Pena de Perdimento	92
	3.3.2.2 Sanções Políticas	95
3.4	O Princípio da Vedação ao Confisco e as Multas Tributárias	99

CAPÍTULO 4. APLICAÇÃO DOS PRINCÍPIOS DA
PROPORCIONALIDADE E DA RAZOABILIDADE NA
JURISPRUDÊNCIA TRIBUTÁRIA DO PODER JUDICIÁRIO
EM FACE DAS SANÇÕES TRIBUTÁRIAS 103
4.1 Multa Isolada pelo Descumprimento de Obrigações Acessórias
– REsp 728.999/PR e REsp 601.351/RN 107
    4.1.1 Análise do REsp 728.999/PR e do REsp 601.351/RN 110
4.2 Multa de Ofício – ADI-MC 1075/DF 111
    4.2.1 Análise da ADI-MC 1075/DF 112
4.3 Pena de Perdimento de Mercadorias – Resp 928.354/SP e
REsp 1.214.862 113
    4.3.1 Análise do REsp 928.354/SP e REsp 1.214.862 115
4.4 Pena de Perdimento de Veículo – REsp 576.300/SC,
REsp 597.606/SC E REsp 1.072.040/PR 115
    4.4.1 Análise do REsp 576.300/SC, REsp 597.606/SC e
REsp 1.072.040/PR 117
4.5 Normas que Condicionam a Prática de Atos da Vida Civil e
Empresarial à Quitação de Tributos Federais – ADI 173-6 E 394 118
    4.5.1 Análise das ADI 173-6 e 394 120
4.6 Regularidade Fiscal para Manutenção de Registro Especial –
AC 1.657-MC E RE 550.769 121
    4.6.1 Análise da AC 1.657-MC e do RE 550.769 127
4.7 Protesto Extrajudicial de Certidões de Dívida Ativa – ADI
5.135-DF 128
    4.7.1 Análise da ADI 5.135-DF 131
4.8 Análise Geral das Decisões 131

CAPÍTULO 5. APLICAÇÃO DOS PRINCÍPIOS DA
PROPORCIONALIDADE E DA RAZOABILIDADE NA
JURISPRUDÊNCIA TRIBUTÁRIA ADMINISTRATIVA
EM FACE DAS SANÇÕES TRIBUTÁRIAS 135
5.1 Multa pelo Registro Extemporâneo no Siscomex de Dados
de Embarque – Acórdãos 3802 000.969 e 3802-01.036 142
    5.1.1 Análise dos Acórdãos 3802-000.969 e 3802-01.036 144
5.2 Multa por Atraso na Entrega da Guia de Recolhimento do FGTS
e de Informações à Previdência Social (GFIP) – Acórdão
2302-01-528 145

5.2.1 Análise do Acórdão 2302-01-528 146
5.3 Multa por Atraso na Entrega da DCTF – Acórdão 303-35.880 do 3º Conselho de Contribuintes 146
5.3.1 Análise do Acórdão 303-35.880 do 3º CC 147
5.4 Multa de Ofício pelo Não Recolhimento do IPI – Acórdão 3302.005-419 147
5.4.1 Análise do Acórdão 3302.005-419 148
5.5 Multa por Compensação Indevida – Acórdão 3003-000.102 148
5.5.1 Análise do Acórdão 3003-000.102 149
5.6 Multa por Atraso na Entrega da Declaração do Imposto de Renda Pessoa Física – Acórdão 106-16.574 do 1º CC 149
5.6.1 Análise do Acórdão 106-16.574 do 1º CC 150
5.7 Exclusão do Simples Nacional – Acórdão 1202-00-604 150
5.7.1 Análise do Acórdão 1202-00-604 151
5.8 Análise Geral das Decisões 152

CONCLUSÕES 153

REFERÊNCIAS 157

Introdução

O presente estudo tem por objetivo analisar a aplicação dos princípios da proporcionalidade e da razoabilidade na jurisprudência tributária brasileira em matéria de penalidade tributária federal.

Para a compreensão dos princípios em questão, inicia-se o estudo conceituando os princípios do direito, para posteriormente analisar seu caráter normativo e as peculiaridades que os diferenciam dos valores, das regras e dos postulados do direito.

A seguir, adentra-se no estudo dos princípios da proporcionalidade e da razoabilidade, apresentando sua origem histórica, verificando se há distinções conceituais entre eles, identificando sua sede material e natureza jurídica.

A correta compreensão dos princípios da proporcionalidade e da razoabilidade se mostra relevante quando se tem em consideração o constitucionalismo contemporâneo calcado na teoria da normatividade dos princípios, estes assumindo importância elevada no sistema jurídico e possuindo aplicabilidade tanto quanto as regras jurídicas.

Após a análise da doutrina, e adentrando na seara tributária, passa-se ao estudo das sanções tributárias e, por fim, são coligidos exemplos trazidos pela jurisprudência dos tribunais superiores de casos em que a aplicação dos princípios da proporcionalidade e da razoabilidade tenha servido ao equacionamento dos litígios instaurados entre a Fazenda Nacional e os contribuintes.

Constatou-se que, a partir da promulgação da Constituição Federal de 1988 (CF), a resolução de questões envolvendo o conflito de princípios e direitos fundamentais ganhou maior relevância em nosso País, pois a doutrina e a jurisprudência passaram a construir a base teórica para aplicação dos princípios da proporcionalidade e da razoabilidade, na ordem jurídica brasileira.

Esses princípios representam verdadeiros parâmetros de aferição de constitucionalidade material dos atos estatais, na medida em que, ao serem empregados na análise de colisão entre direitos, neutralizam os abusos do Poder Público contra os direitos fundamentais do cidadão[1].

No Brasil os princípios da razoabilidade e da proporcionalidade, apesar de não estarem expressamente previstos na CF, têm sido cada vez mais utilizados pelos tribunais superiores em demandas que abordam os diversos ramos do Direito e, em especial, o Direito Tributário sancionador.

A metodologia empregada consistiu de pesquisa bibliográfica da doutrina nacional e estrangeira que os analisa e de acórdãos mais representativos do Tribunal Federal (STF), do Superior Tribunal de Justiça (STJ) e do Conselho Administrativo de Recursos Fiscais (CARF), proferidos após o advento da Constituição Federal de 1988 até 30 de junho de 2018, nos quais os princípios em tela serviram de fundamentação.

Esta obra está estruturada em cinco capítulos. O capítulo inicial discorre sobre os princípios jurídicos, suas características e inclusão no conceito de normas, apresentando a estrutura normativa adotada por Ronald Dworkin, Robert Alexy, J. J. Canotilho e Humberto Ávila. Por se tratarem, os princípios objeto central deste estudo, de princípios constitucionais, analisa-se também a interpretação constitucional e suas particularidades.

O Capítulo 2 introduz a proporcionalidade e a razoabilidade como princípios implícitos na ordem constitucional brasileira. Investigam-se a origem, o conteúdo jurídico do princípio da proporcionalidade, especialmente dos elementos da adequação, da necessidade e da proporcionalidade em sentido estrito, bem como a sua dimensão normativa e o seu âmbito de aplicação. Da mesma forma, investiga-se a origem do princípio da razoabilidade e seu desenvolvimento na jurisprudência norte-americana.

---

[1] SILVA, Ana Paula Cadin da. Aplicação dos princípios da razoabilidade e da proporcionalidade na jurisprudência tributária brasileira. 102 f. Dissertação (Mestrado em Direito Político e Econômico) – Universidade Presbiteriana Mackenzie. 2010. São Paulo. 2010. p. 8.

INTRODUÇÃO

Dada a extensão científica que o tema sugere, realiza-se um corte metodológico a partir do terceiro capítulo, restringindo o propósito cognoscente, fundamentalmente, ao direito tributário sancionador. Assim, nesse capítulo, empreende-se estudo das espécies de sanções tributárias previstas na legislação, decorrentes do descumprimento da obrigação tributária principal e acessória.

Os Capítulos 4 e 5 têm por objetivo verificar como os tribunais superiores, judiciais e administrativo, têm aplicado os princípios da razoabilidade e da proporcionalidade na aferição da constitucionalidade das sanções tributárias descritas no terceiro capítulo. Para tanto, apresentam-se algumas decisões mais relevantes nas quais esses princípios foram aplicados para solucionar conflitos entre o Fisco e o contribuinte. Vale ressaltar que, por configurarem um universo maior, as decisões referentes à pena de perdimento foram apresentadas por amostragem. Da mesma forma, as decisões do CARF.

Ao final, são aduzidas algumas considerações que sintetizam as principais ideias lançadas em cada capítulo.

Capítulo 1
Os Princípios Jurídicos e suas Características

1.1 Princípios Jurídicos: Aspectos Conceituais

O vocábulo princípio, derivado do latim *principium*, significa origem, começo de qualquer coisa, fonte.

Embora não distante deste conceito geral, o que interessa para o presente trabalho é o significado de "princípio" perante o Direito.

Os princípios jurídicos possuem papel de destaque no sistema normativo. Alguns possuem *status* de norma constitucional.

O entendimento do que venham a ser os princípios jurídicos e de sua relevância no sistema de direito positivo tem sido objeto de debates na doutrina brasileira.[2]

São várias as definições de princípio jurídico. Entre os doutrinadores que se debruçaram sobre o tema, Celso Antônio Bandeira de Mello traz uma lição lapidar, ao afirmar:

> Princípio é, por definição, mandamento nuclear de um sistema, verdadeiro alicerce dele, dispositivo fundamental que se irradia sobre diferentes normas compondo-lhes o espírito e servindo de critério para sua exata

---

[2] Há na doutrina distinção entre princípios gerais de direito, princípios de interpretação e princípios jurídicos ou entre princípios prescritivos e descritivos ou, ainda, entre princípios impositivos e integrativos. Não trabalharemos essas distinções neste estudo. Aprofundou esse tema Ruy Samuel Espíndola, na obra "Conceito de princípios constitucionais", citada na bibliografia.

compreensão e inteligência exatamente por definir a lógica e a racionalidade do sistema normativo, no que lhe confere a tônica e lhe dá sentido harmônico.[3]

Geraldo Ataliba enfatiza a importância dos princípios não só para o estabelecimento da harmonia do ordenamento jurídico, mas também para a compreensão dos enunciados prescritivos. Na acepção desse autor, os princípios são linhas mestras, os grandes nortes, as diretrizes magnas do sistema jurídico. Apontam os rumos a serem seguidos por toda a sociedade e obrigatoriamente perseguidos pelos órgãos do governo.[4]

Roque Carrazza destaca a importância dos princípios dentro da própria Constituição Federal. Segundo entende:

> De fato, ao contrário do que pode parecer ao primeiro súbito de vista, as normas constitucionais não possuem todas a mesma relevância, já que algumas veiculam simples regras, ao passo que outras, verdadeiros princípios. Os princípios são as diretrizes, isto é, os nortes, do ordenamento jurídico. Não é sem razão que Prosper Weil afirma que "algumas normas constitucionais são mais diretrizes; outras, menos". A Constituição é, pois, um conjunto de normas e princípios jurídicos, atuais e vinculantes. Os princípios possuem acentuado grau de abstração, traçando destarte, as diretrizes do ordenamento jurídico. Enunciam uma razão para decidir em determinado sentido.[5]

Segue explicando esse autor que os princípios não só servem para orientar, condicionar e iluminar a interpretação das normas jurídicas, mas são os responsáveis pela coesão do ordenamento jurídico.

Na doutrina estrangeira, a clássica definição de princípio vem de Ronald Dworkin, jurista de Harvard, o qual diz se tratar de

> [...] mandamentos baseados em critérios de peso, valor ou importância, pois quando houver vários princípios a serem utilizados em uma determinada situação, ou até mesmo princípios que se contradizem, terá validade

---

[3] MELLO, Celso Antônio Bandeira de. Curso de direito administrativo. 17. ed. São Paulo: Malheiros, 2004, p. 451.
[4] ATALIBA, Geraldo. República e Constituição. 2. ed. atual. São Paulo: Malheiros, 2001, p. 34.
[5] CARRAZZA, Roque Antônio. Curso de direito constitucional tributário. 22. ed. rev. ampl. e atual. até a EC 52. São Paulo: Malheiros, 2006, p. 36.

aquele que possuir maior peso ou importância, sem, contudo, ocorrer a revogação de sua validade.[6]

Robert Alexy, baseado na jurisprudência do Tribunal Constitucional Alemão, pondera que os princípios são mandamentos de otimização, caracterizados pelo fato de poderem ser cumpridos em diferentes graus, e a medida de seu cumprimento não depende apenas das possibilidades reais, mas também das possibilidades jurídicas.[7]

Segundo Humberto Ávila, princípios

> [...] são normas imediatamente finalísticas, primariamente prospectivas e com pretensão de complementaridade e de parcialidade, para cuja concretização se demanda uma avaliação da correlação entre o estado de coisas a ser promovido e os efeitos decorrentes da conduta havida como necessária à sua promoção.[8]

Analisando os conceitos de princípio apresentados, verifica-se que são tradicionalmente definidos em razão de sua fundamentalidade, seja como "mandamentos nucleares" ou "disposições fundamentais" de um sistema, ou ainda em razão de sua estrutura normativa.

O Direito Constitucional é sobretudo um direito marcado pelos princípios jurídicos. São eles a carga orgânica das constituições, como a da República Federativa do Brasil de 1988:

> [...] os princípios são o oxigênio das Constituições na época do pós-positivismo. É graças aos princípios que os sistemas constitucionais granjeiam a unidade de sentido e auferem a valoração de sua ordem normativa."[9]

A Constituição é o documento no qual são afirmados, através de princípios jurídicos, os valores fundantes e os objetivos e aspirações

---

[6] DWORKIN, Ronald. Levando os direitos a sério. Tradução de Nelson Boeira. 3. Ed. São Paulo: WMF Martins Fontes, 2010, p. 42-43.
[7] ALEXY, Robert. Teoria dos direitos fundamentais. Tradução de Virgílio Afonso da Silva. 2. ed., 5ª tir. São Paulo: Malheiros Editores, 2017, p. 90.
[8] ÁVILA, Humberto Bergmann. Teoria dos princípios: da definição à aplicação dos princípios jurídicos. 18. ed., rev. e atual. São Paulo: Malheiros, 2018, p. 102.
[9] BONAVIDES, Paulo. Curso de direito constitucional. 33. ed. São Paulo: Malheiros, 2018, p. 294.

de uma sociedade.[10] Dentre os princípios que compõem o novo Direito Constitucional, ganham cada vez mais importância os princípios da proporcionalidade e da razoabilidade[11], em especial na jurisprudência dos tribunais superiores.

1.2 Princípios, Regras, Postulados e Valores: Características, Distinções, Funções e Conflitos entre Regras e Colisão de Princípios

1.2.1 Princípios

Vimos que o conceito de princípios não é unívoco. A doutrina brasileira mais tradicional descreve princípios como proposições básicas ou diretrizes mestras do sistema jurídico que fundamentam uma ciência, sendo, assim, seus alicerces. Portanto, os princípios jurídicos são enunciados que inspiram o legislador na elaboração de normas, pautam o intérprete[12]na sua aplicação e expressam valores. Assim, princípios são normas imediatamente finalísticas.

Em sede da teoria dos princípios, sempre houve grande controvérsia quanto à sua natureza jurídica, sendo o entendimento predominante, atualmente, o que lhes atribui *status* de norma jurídica. Todavia, no início dos estudos teóricos, negava-se-lhes esse caráter normativo.[13]

A metodologia jurídica tradicional distinguia entre normas e princípios. Em razão de seu conteúdo e vagueza, bem como pela sua formulação através de dispositivos destituídos de sanção (imediata), eram os

---

[10] PONTES, Helenilson Cunha. O princípio da proporcionalidade e o direito tributário. São Paulo: Ed. Dialética, 2000, p. 30.

[11] Conforme se verá no Capítulo 2, alguns doutrinadores tratam os dois princípios como sinônimos, contudo, neste trabalho adota-se a não-identidade entre esses dois conceitos.

[12] Entende-se por intérprete, em sentido lato, todo aquele que leva a cabo a atividade de interpretação da lei.

[13] Segundo Bonavides, o primeiro a afirmar a normatividade dos princípios foi Crisafulli que, em conceituação datada de 1952, acentuou o caráter de norma jurídica dos princípios: "Princípio é, com efeito, toda norma jurídica, enquanto considerada como determinante de uma ou de muitas outras subordinadas, que a pressupõem, desenvolvendo e especificando ulteriormente o preceito em direções mais particulares (menos gerais), das quais determinam e portanto, resumem, potencialmente, o conteúdo: sejam, pois, estas efetivamente postas, sejam, ao contrário, apenas dedutíveis do respectivo princípio geral que as contêm". BONAVIDES, Paulo. Curso de direito constitucional. 33. ed. São Paulo: Malheiros, 2018, p. 262.

princípios qualificados como meras exortações, preceitos de ordem moral ou política, mas não verdadeiros comandos de Direito.

O reconhecimento da normatividade dos princípios passou pela elaboração metodológica das correntes jusfilosóficas de pensamento, que, segundo Paulo Bonavides, ocorreu em três fases: a jusnaturalista, a positivista e a pós-positivista.[14]

Resumidamente, a fase jusnaturalista caracteriza-se pela abstração, e pela total inexistência de normatividade, não obstante prevalecesse a ideia de dimensão ético-valorativa que inspira os postulados de justiça.

A fase do positivismo jurídico representa a entrada dos princípios nos Códigos como fonte normativa subsidiária.[15] Segundo Gordillo Cañas, os princípios entram nos códigos apenas com a função de "válvula de segurança", e não como algo que se sobrepusesse à lei, ou lhe fosse anterior, mas sim seriam extraídos da própria lei.[16]

O período pós-positivista,[17] ainda vigente, que se afirmou na segunda metade do século XX, caracteriza-se pela hegemonia axiológica dos princípios, convertidos em pedestal normativo sobre o qual assenta todo o edifício jurídico dos novos sistemas constitucionais.[18]

Nessa fase é que tanto o Direito Natural como o positivismo ortodoxo vão sofrer duras críticas, capitaneadas sobretudo por Ronald Dworkin, jurista norte-americano.

---

[14] BONAVIDES, Paulo. Curso de direito constitucional. 33. ed. São Paulo: Malheiros, 2018, p. 264.
[15] Cf. art. 4º do Decreto-Lei n. 4.637/42 (antiga Lei de Introdução ao Código Civil Brasileiro, atual Lei de Introdução às Normas do Direito Brasileiro). Na mesma linha, o CTN tratou os princípios gerais como elementos de integração da legislação (art. 108, II e III).
[16] CAÑAS Apud BONAVIDES, Paulo. Curso de direito constitucional. 33. ed. São Paulo: Malheiros, 2018, p. 267.
[17] Pós-positivismo é definido pelo professor Barroso como: "designação provisória e genérica de um ideário difuso, no qual se incluem a definição das relações entre valores, princípios e regras, aspectos da chamada nova hermenêutica constitucional, e a teoria dos direitos fundamentais, edificada sobre o fundamento da dignidade da pessoa humana". BARROSO, Luís Roberto. Fundamentos Teóricos e Filosóficos do Novo Direito Constitucional Brasileiro (Pós-modernidade, Teoria Crítica e Pós-Positivismo). A Nova Interpretação Constitucional: Ponderação, Direitos Fundamentais e Relações Privadas. Luís Roberto Barroso (organizador). 2. ed. Rio de Janeiro: Renovar, 2006, p. 27-28.
[18] BONAVIDES, Paulo. Curso de direito constitucional. 33. ed. São Paulo: Malheiros, 2018, p. 269.

Suas teses são revolucionárias, pois conferem aos princípios uma normatividade tal, que se configuram em meio idôneo à resolução de conflitos, em especial aos *hard cases* (casos difíceis). Também Robert Alexy ocupou-se da formulação de uma teoria de juridicização dos princípios.

Assim, os princípios jurídicos superaram inicialmente a concepção jusnaturalista de ideia de justiça, ultrapassando, também, o pensamento positivista de normas subsidiárias supletivas para terem sua normatividade reconhecida na atual fase pós- positivista.

O Direito Constitucional contemporâneo acentua a força normativa dos princípios constitucionais. Foi nele que os princípios adquiriram prestígio. O progressivo reconhecimento da normatividade dos princípios foi alterando também sua localização: dos códigos, eles passaram para o corpo das constituições, nas quais tiveram sua normatividade potencializada, passando a atuar como fundamento da ordem jurídica e a informar o conteúdo das demais normas jurídicas.

O prestígio das Constituições substitui hoje o prestígio dos códigos e o Direito Constitucional ocupa um lugar de primazia sobre o Direito Civil.[19]

1.2.2 Regras

As regras são normas de conduta do ordenamento jurídico que prescrevem imperativamente uma exigência determinada com a finalidade de que algo seja observado. As regras impõem, proíbem ou permitem certa conduta. Em suma, são espécies normativas sancionadoras e coercitivas.

Desta forma, as regras direcionam-se a todos, têm figura típica e, ao contrário dos princípios, são concretas, possuindo caráter imediatamente instrumental, ou seja, descritivo de comportamento.

No entanto, não há confundir regras com a lei. Como sustenta Humberto Ávila, entre texto e norma não há uma correspondência biunívoca, visto que de um dispositivo podemos retirar várias normas ou de vários textos apenas podemos extrair uma única norma, bem como pode haver norma sem dispositivo ou dispositivo sem norma.

As regras podem surgir do texto através da construção e reconstrução do seu significado. O intérprete não descreve significados, ele os

---

[19] BONAVIDES, Paulo. Curso de direito constitucional. 33. ed. São Paulo: Malheiros, 2017, p. 435.

constrói e reconstrói através da interpretação do uso da linguagem que varia no tempo, mesmo que reconheçamos limites textuais mínimos que devem ser observados por já incorporados ao uso comum da linguagem. Assim, por ser a norma construída pelo intérprete é que se afirma que o texto não contém regra ou princípio. Esses dependem de valores que não estão no texto, mas na consciência do intérprete, observados os fins de direito e a busca dos bens jurídicos, de modo que definir as normas como princípios ou regras depende da colaboração construtiva do intérprete.[20]

1.2.3 *Postulados*

Humberto Ávila estabeleceu uma terceira categoria de normas: os postulados, que se subdividem em postulados hermenêuticos e postulados normativos aplicativos; os primeiros se destinam à compreensão geral do Direito; os últimos têm como função estruturar a sua aplicação concreta.

Figuram dentre os postulados hermenêuticos os postulados da unidade, da coerência interna do sistema e da hierarquia. Esses postulados visam à necessária compreensão interna e abstrata do ordenamento e orientam o intérprete na busca de influências recíprocas entre as normas (princípios e regras) a fim de na resolução de problemas dotar a fundamentação de consistência, de modo que as normas mais específicas estejam alinhadas com as normas mais gerais.

Segundo Humberto Ávila, os postulados normativos aplicativos assumem o caráter de metanormas, como explica:

> Os postulados normativos aplicativos são normas imediatamente metódicas que instituem os critérios de aplicação de outras normas situadas no plano do objeto da aplicação. Assim, qualificam-se como normas sobre a aplicação de outras normas, isto é, como metanormas. Daí se dizer que se qualificam como normas de segundo grau. Nesse sentido, sempre que está diante de um postulado normativo, há uma diretriz metódica que se dirige ao intérprete relativamente à interpretação de outras normas. Por trás dos postulados, há sempre outras normas que estão sendo aplicadas.[21]

---

[20] ÁVILA, Humberto Bergmann. Teoria dos princípios: da definição à aplicação dos princípios jurídicos. 18. ed., rev. e atual. São Paulo: Malheiros, 2018, p. 50-55.

[21] ÁVILA, Humberto Bergmann. Teoria dos princípios: da definição à aplicação dos princípios jurídicos. 18. ed., rev. e atual. São Paulo: Malheiros, 2018, p. 164.

Como visto, para esse autor, os postulados normativos são normas de "segundo grau" que não impõem um fim ou um comportamento específico, mas estruturam o dever de realizá-lo. Ou seja, na sua concepção, tais postulados têm uma função estruturante na tarefa interpretativa, de modo que permitem a verificação das situações em que a norma foi violada.

São descrições estruturantes da aplicação de outras normas cuja função é otimizar e efetivar princípios e regras. Desta forma, os postulados não se confundem com os princípios nem com as regras porque não buscam um "fim" nem estabelecem uma "conduta".

Esse autor insere na categoria de postulados certas máximas defendidas pela doutrina ora como regras ora como princípios, especialmente a "igualdade", "razoabilidade" e a "proporcionalidade".

Os postulados normativos aplicativos auxiliam, sobretudo, na resolução de problemas concretos quando da aplicação de diferentes normas jurídicas (princípios e regras).

Destarte, na esfera jurídica Humberto Ávila define os postulados normativos como deveres estruturais, ou seja, obrigações que determinam o vínculo entre elementos e estabelecem a relação entre eles. Segundo esse autor, os postulados normativos aplicativos são "normas imediatamente metódicas que instituem os critérios de aplicação de outras normas situadas no plano do objeto da aplicação".[22]

---

[22] Humberto Ávila prossegue em sua teoria: Os postulados funcionam diferentemente dos princípios e das regras. A uma, porque não se situam no mesmo nível: os princípios e as regras são normas objeto da aplicação; os postulados são normas que orientam a aplicação de outras. A duas, porque não possuem os mesmos destinatários: os princípios e as regras são primariamente dirigidos ao Poder Público e aos contribuintes; os postulados são frontalmente dirigidos ao intérprete e aplicador do Direito. A três, porque não se relacionam da mesma forma com outras normas: os princípios e as regras, até porque se situam no mesmo nível do objeto, implicam-se reciprocamente, quer de modo preliminarmente complementar (princípios), quer do modo preliminarmente decisivo (regras); os postulados, justamente porque se situam num metanível, orientam a aplicação dos princípios e das regras sem conflituosidade necessária com outras normas. [...] os postulados não são regras: eles não descrevem um comportamento (nem reservam poder, instituem procedimento ou estabelecem definições), não são cumpridos de modo integral e, muito menos, podem ser excluídos do ordenamento jurídico. Em vez disso, estabelecem diretrizes metódicas, em tudo e por tudo exigindo uma aplicação mais complexa que uma operação inicial ou final de subsunção. [...] os postulados não são princípios: eles não estabelecem um dever-ser ideal, não

O objetivo de delimitação das categorias normativas acima é o de buscar uma clareza conceitual para uma melhor compreensão dos fenômenos jurídicos tanto pelo aplicador do Direito como para o destinatário deste.

1.2.4 Os Valores e sua Interação com as Espécies Normativas

A norma é o resultado de uma construção de sentidos que levam em conta regras, princípios, circunstâncias do caso concreto e os chamados "postulados normativos", que estruturam a ação interpretativa.

Além da definição dessas espécies normativas, impende apresentar um entendimento do que sejam "valores", seja porque alguns autores os incluem como espécie normativa,[23] seja porque no Pós-positivismo assumem destaque as relações entre estes, os princípios e as regras.

Robert Alexy se vale da distinção entre conceitos deontológicos e axiológicos para marcar a diferença entre princípios e valores. A deontologia tem como conceito fundamental a ideia de "dever ser", sendo exemplos de conceitos deontológicos a permissão e a proibição. Já os conceitos axiológicos baseiam-se na ideia de que algo é "bom", sendo as afirmações de que algo é belo, seguro, econômico etc, exemplos de instantes em que se usam conceitos axiológicos.[24]

Destarte, valor é aquilo que "é" (ex. o belo), ao passo que princípio corresponde a aquilo que "deve ser", ou seja, aquilo que se busca alcançar – "o fim".

---

são cumpridos de maneira gradual e, muito menos, possuem peso móvel e circunstancial. Em vez disso, estabelecem diretrizes metódicas, com aplicação estruturante e constante relativamente a outras variáveis. ÁVILA, Humberto Bergmann. Teoria dos princípios: da definição à aplicação dos princípios jurídicos. 18. ed., rev. e atual. São Paulo: Malheiros, 2018, p. 164-165.

[23] Cf. Espíndola, devido à tematização nos trabalhos dos espanhóis Perez Luño, Prieto Sanchis e Garcia de Enterria, chega-se a divisar, no gênero norma, mais uma espécie categorial normativa: os valores. Assim, segundo essas tematizações, norma é o gênero, do qual os princípios, as regras e os valores são espécies. Apud ESPÍNDOLA, Ruy Samuel. Conceito de princípios constitucionais: elementos teóricos para uma formulação dogmática constitucionalmente adequada. São Paulo: Editora Revista dos Tribunais, 1998, p. 63-64.

[24] Apud SANTOS, Gustavo Ferreira. O princípio da proporcionalidade na jurisprudência do Supremo Tribunal Federal: limites e possibilidades. Rio de Janeiro: Editora Lumen Juris, 2004, p. 20.

Princípios e valores não são expressões sinônimas. Embora os princípios veiculem valores, a eles não se reduzem. Enquanto os princípios são referentes ao dever-ser (deontologia), os valores integram a axiologia.

Nesse sentido é a lição de Humberto Ávila para quem os princípios não se identificam com valores, na medida em que estes não determinam o que deve ser, mas o que é melhor. Da mesma forma, no caso de uma colisão entre valores, a solução não determina o que é devido, apenas indica o que é melhor. Em vez do caráter deontológico dos princípios, os valores possuem tão só o axiológico.[25]

Os valores têm uma dimensão meramente aconselhativa (de recomendação), enquanto as normas mandam fazer, comandam as ações. Enquanto as normas são julgadas em função de sua validade, os valores são submetidos ao escalonamento da preferência, sendo avaliados em função de seu peso e possuindo obrigatoriedade relativa.

As regras e os princípios são os vetores necessários para a realização de um valor. Os princípios expressam valores e as normas têm caráter eminentemente instrumental, embora expressem valores também.

O valor somente pode ser compreendido como tal caso seja realizável. Necessária, pois, a interação das espécies normativas. De pouco adianta uma regra, princípio ou postulado isolado.

Na lição de Paulo de Barros Carvalho, o direito é um objeto cultural, produzido para alcançar certos valores que a sociedade deseja implementar e, para isso, o legislador recorta do plano social as condutas que deseja regular valorando-as com o sinal positivo da licitude e negativo da ilicitude ao qualificá-las como obrigatórias, permitidas ou proibidas. Nestes termos, o valor é inerente ao direito. Segundo esse autor, "o dado valorativo está presente em toda configuração do jurídico, desde seus aspectos formais (lógicos), como nos planos semântico e pragmático".[26]

---

[25] ÁVILA, Humberto Bergmann. A distinção entre princípios e regras e a redefinição do dever de proporcionalidade. Revista de Direito Administrativo nº 215, Rio de Janeiro, Renovar, 1999, p. 164-165.

[26] CARVALHO, Paulo de Barros. Direito tributário: linguagem e método. 3. ed. rev. e ampl. São Paulo: Noeses, 2009, p. 174.

Esse autor explica que os valores tomados isoladamente assumem a feição de objetos metafísicos, cujo modo de ser é o valer, em suas palavras, "os valores não são, mas valem".[27]

É indiscutível a presença de valores nos princípios e regras do Direito Tributário. O artigo 150 da Constituição Federal de 1988 contempla princípios e imunidades tributárias, verdadeiras normas de proteção do contribuinte.

Dentre os princípios tributários elencados nesse dispositivo, destacam-se aqueles relacionados ao valor justiça; são eles: o princípio da isonomia (art. 150, II) e o da capacidade contributiva (art. 145, § 1º).

Dentre as regras de imunidades tributárias, destacam-se as do artigo 150, inciso VI, alíneas *b*, *c* e *d*: imunidade dos templos de qualquer culto, das instituições de educação e de assistência social, sem fins lucrativos e imunidade dos livros, que visam preservar valores de liberdade religiosa, educacionais e culturais e assistenciais.

1.2.5 *A Estrutura Normativa Proposta por Dworkin*

Não há consenso na doutrina sobre critérios adotados para a conceituação das espécies normativas.

Ronald Dworkin distingue as normas jurídicas em regras, princípios e políticas (*policies*).[28]

Foi com esse autor e, posteriormente, com Robert Alexy que se construiu a doutrina da normatividade dos princípios.

O ponto de partida da teoria de Ronald Dworkin é uma crítica ao positivismo jurídico.[29] Segundo esse autor, o positivismo, ao entender o

---

[27] CARVALHO, Paulo de Barros. Direito tributário: linguagem e método. 3. ed. rev. e ampl. São Paulo: Noeses, 2009, p. 176.

[28] Dworkin utiliza o termo *policies* para definir aquelas normas que veiculam metas (positivas ou negativas) a serem alcançadas: *Policy* (política) é um *standard* (padrão) "que estabelece um objetivo a ser alcançado, em geral uma melhoria em algum aspecto econômico, político ou social da comunidade". Já os princípios são *standards* cuja observância se impõe não em nome de algum objetivo político ou social, mas por corresponderem a exigências de justiça ou equidade ou alguma dimensão da moralidade. Exemplo conferido por esse autor: "O padrão que estabelece que os acidentes automobilísticos devem ser reduzidos é uma política e o padrão segundo o qual nenhum homem deve beneficiar-se de seus próprios delitos é um princípio". DWORKIN, Ronald. Levando os direitos a sério. Tradução de Nelson Boeira. 3. ed. São Paulo: Martins Fontes, 2010, p. 36.

[29] Principalmente ao positivismo na forma desenvolvida por Herbert Hart.

direito como um sistema composto exclusivamente de regras, não consegue fundamentar as decisões de casos difíceis, para as quais o juiz não consegue identificar nenhuma regra jurídica aplicável, a não ser por meio do recurso à discricionariedade judicial. O juiz, nesses casos, cria direito novo.[30]

Esse autor argumenta que, ao lado das regras jurídicas, há também os princípios. Estes, ao contrário daquelas – que possuem apenas a dimensão da validade –, têm também outra dimensão: o peso.

Para Ronald Dworkin, princípios e regras diferenciam-se em razão de sua estrutura e aplicação. Segundo o autor, as regras são aplicadas pelo método do "tudo ou nada", no sentido de que uma vez dados os fatos que a regra estipula, ou seja, uma vez preenchida a sua hipótese de incidência, ou a regra é válida, e nesse caso a resposta que ela fornece deve ser considerada e a consequência normativa nela prevista deve ser aceita, ou a regra é inválida, e em nada contribui para a decisão. Verifica-se, portanto, que as regras possuem uma dimensão de validade.[31] Se valem, devem ser aplicadas em sua inteireza e, se não valem, não devem ser aplicadas.

Como critério de diferenciação entre regras e princípios pode-se apresentar as regras como normas que apenas descrevem determinado comportamento sem se ocupar com a finalidade dessas mesmas condutas, e os princípios como normas que estabelecem de maneira diferente estados ideais e objetivos que devem ser atingidos.[32]

No caso de conflito entre regras, caracterizado pelas consequências contraditórias quando de sua aplicação ao caso concreto, a superação pode se dar ou introduzindo uma cláusula de exceção em uma das regras, ou reconhecendo a necessária invalidade de, ao menos, uma delas. Isso decorre do fato de que as regras prescrevem imperativamente uma exigência, e, no caso de haver uma antinomia, impõe-se um juízo de (in)validez.

---

[30] DWORKIN, Ronald. Levando os direitos a sério. Tradução de Nelson Boeira. 3. ed. São Paulo: Martins Fontes, 2010, p. 17 e 31.

[31] DWORKIN, Ronald. Levando os direitos a sério. Tradução de Nelson Boeira. 3. ed. São Paulo: Martins Fontes, 2010, p. 39.

[32] BARCELLOS, Ana Paula de. Ponderação, racionalidade e atividade jurisdicional. Rio de Janeiro: Renovar, 2005, p. 169.

Já os princípios, possuem estrutura diferente, pois são dotados de uma dimensão não presente nas regras: a dimensão do peso ou importância. Isso decorre do fato de que os princípios não determinam vinculativamente uma decisão, como as regras, contendo, somente, os fundamentos, que devem ser conjugados com outros fundamentos de princípios incidentes na questão.

No caso dos princípios, não é cabível questionamento acerca de sua validade, mas sim de seu peso (dimensão de peso). Nesta senda, a diferenciação elaborada por Dworkin não consiste em uma diferenciação de grau, mas numa diferenciação quanto à estrutura lógica, baseada em critérios classificatórios, ao invés de critérios de abstração e generalidade.

No caso de colisão de princípios, terá prevalência aquele que tiver, para a solução do caso concreto, o maior peso, sem, contudo, excluir o outro completamente. Em outras palavras, prevalecerá o princípio de maior importância ou peso para a solução do conflito, mas o princípio que não tiver prevalência não deixa de valer ou de pertencer ao ordenamento jurídico. Ele apenas não terá tido peso suficiente para ser decisivo no caso concreto analisado, mas poderá ser relevante para a solução de outros casos.

1.2.6 *A Estrutura Normativa Proposta por Alexy*

Robert Alexy, partindo das considerações de Dworkin, de que a distinção entre princípios e regras é uma distinção qualitativa e não de grau, precisou ainda mais o conceito de princípios. Para ele, os princípios se caracterizam como "mandamentos de otimização", isto é, são "normas que ordenam que algo seja realizado na maior medida possível, dentro das possibilidades jurídicas e reais existentes.[33]

Assim, a aplicação do princípio não está predeterminada em seu enunciado, mas depende de ponderações a serem procedidas no momento de sua aplicação, à vista das possibilidades jurídicas e fáticas. O âmbito das possibilidades jurídicas é determinado pelos princípios e regras colidentes.

---

[33] ALEXY, Robert. Teoria dos direitos fundamentais. Tradução de Virgílio Afonso da Silva. 2. ed., 5ª tir. São Paulo: Malheiros Editores, 2017, p. 90.

As regras, a seu turno, são determinações que devem ser cumpridas, obedecidas ou não[34]. Em outras palavras, as regras são normas que são sempre satisfeitas ou não satisfeitas. Se uma regra vale, então se deve fazer exatamente aquilo que ela exige; nem mais, nem menos. Regras contêm, portanto, determinações no âmbito daquilo que é fática e juridicamente possível. Toda norma é ou uma regra ou um princípio.[35]

Com base na jurisprudência do Tribunal Constitucional Alemão, Alexy demonstra que na relação de tensão ocorrente no caso de colisão entre os princípios a solução não se resolve com a determinação imediata de prevalência de um princípio sobre outro, mas é estabelecida em função da ponderação entre os princípios colidentes, em função da qual um deles, em determinadas circunstâncias concretas, recebe a prevalência.[36]

Em algumas colisões aparentes entre regras, o problema soluciona-se com a introdução de uma cláusula de exceção. Um exemplo de solução de "conflito" com a introdução de uma cláusula de exceção, mencionado pelo mestre alemão, é o da proibição de abandonar-se a sala de aula antes que toque a campainha e da ordem para que se abandone a sala após o alarme de incêndio. O alarme de incêndio apresenta-se como uma cláusula de exceção.[37]

Caso não seja possível a introdução de uma cláusula de exceção, uma das regras em relação recíproca de contradição será considerada inválida e, portanto, fora do ordenamento jurídico. Para isso recorre-se aos tradicionais critérios de solução de antinomias jurídicas: o cronológico, o hierárquico e o da especialidade.

Resumindo, pode-se afirmar, com base em Alexy, que a colisão entre regras se soluciona no plano da validade, enquanto a colisão de princípios se resolve no plano do peso destas normas diante do caso concreto, respeitadas as particularidades do caso para a sua aplicação. As colisões devem ser solucionadas através de sopesamento.

---

[34] ALEXY, Robert. Teoria dos direitos fundamentais. Tradução de Virgílio Afonso da Silva. 2. ed., 5ª tir. São Paulo: Malheiros Editores, 2017, p. 91.
[35] ALEXY, Robert. Teoria dos direitos fundamentais. Tradução de Virgílio Afonso da Silva. 2. ed., 5ª tir. São Paulo: Malheiros Editores, 2017, p. 91.
[36] ALEXY, Robert. Teoria dos direitos fundamentais. Tradução de Virgílio Afonso da Silva. 2. ed., 5ª tir. São Paulo: Malheiros Editores, 2017, p. 93-94.
[37] ALEXY, Robert. Teoria dos direitos fundamentais. Tradução de Virgílio Afonso da Silva. 2. ed., 5ª tir. São Paulo: Malheiros Editores, 2017, p. 92.

Assim, enquanto o ordenamento não tolera a antinomia de regras, devendo uma, ou ambas, ser eliminadas em caso de conflito, a colisão de princípios não enseja qualquer mácula no ordenamento jurídico.

1.2.7 A Estrutura Normativa Proposta por Canotilho

J. J. Canotilho ressalta que a distinção entre princípios e regras é particularmente complexa.[38] Adota esse autor a classificação segundo a qual normas são o gênero do qual regras e princípios são espécies e apresenta os seguintes critérios de distinção entre essas espécies normativas:[39]

(i) Grau de abstração: os princípios são normas com um grau de abstração relativamente elevado; de modo diverso, as regras possuem uma abstração relativamente reduzida;

(ii) Grau de determinabilidade na aplicação do caso concreto: os princípios, por serem vagos e indeterminados, carecem de mediações concretizadoras (do legislador, do juiz), enquanto as regras são suscetíveis de aplicação direta;

(iii) Caráter de fundamentalidade no sistema das fontes de direito: os princípios são normas de natureza estruturante ou com um papel fundamental no ordenamento jurídico devido à sua posição hierárquica no sistema das fontes (ex: princípios constitucionais) ou à sua importância estruturante dentro do sistema jurídico (ex: princípio do Estado de Direito);

(iv) Proximidade da ideia de direito: os princípios são *standards* juridicamente vinculantes, radicados nas exigências de justiça (Dworkin) ou na ideia de direito (Larenz), enquanto as regras

---

[38] Segundo esse autor, essa complexidade deriva muitas vezes do fato de não se esclarecerem duas questões fundamentais: 1. saber se os princípios têm uma função retórica-argumentativa ou se são normas de conduta e 2. saber se entre princípios e regras existe um denominador comum, pertencendo à mesma "família" e havendo apenas uma diferença de grau ou se, pelo contrário, os princípios e as regras são suscetíveis de uma diferenciação qualitativa. CANOTILHO, J. J. Gomes. Direito Constitucional e Teoria da Constituição. 7. ed. Coimbra: Almedina, 2003, p. 1161.

[39] CANOTILHO, José Joaquim Gomes. Direito constitucional e teoria da constituição. 7. ed. Coimbra: Almedina, 2003, p. 1160-1161. Cabe esclarecer que os princípios que Canotilho procura distinguir das regras são os jurídicos, verdadeiras normas, e não os princípios hermenêuticos que exercem uma função argumentativa, auxiliando no desenvolvimento, integração e complementação do direito, ao expressar cânones de interpretação ou revelar normas que não estão expressas em nenhum dispositivo legal.

podem ser normas vinculativas com um conteúdo meramente funcional;

(v) Natureza normogenética: os princípios são fundamentos de regras, isto é, são normas que estão na base ou constituem a *ratio* de regras jurídicas, desempenhando, por isso, uma função normogenética fundamentante.

Com base nas distinções estabelecidas, Canotilho conceitua as regras como "normas que prescrevem imperativamente uma exigência (impõem, permitem ou proíbem) que é ou não é cumprida" e princípios como "normas jurídicas impositivas de uma optimização, compatíveis com vários graus de concretização, consoante os condicionamentos fáticos e jurídicos".[40]

1.2.8 A Estrutura Normativa Proposta por Humberto Ávila

Para Humberto Ávila, o sistema normativo é composto por normas jurídicas, nas quais se enquadram os princípios, as regras e os postulados. Segundo esse doutrinador, um sistema não pode ser composto somente de princípios ou só de regras:

> [...] um sistema não pode ser composto somente de princípios, ou só de regras. Um sistema só de princípios seria demasiado flexível, pela ausência de guias claros de comportamento, ocasionando problemas de coor-

---

[40] Acrescenta o doutrinador português outros critérios que diferenciam qualitativamente os princípios das regras: "a convivência dos princípios é conflitual (Zagrebelsky), a convivência das regras é antinómica; os princípios coexistem, as regras antinómicas excluem-se. Consequentemente, os princípios, ao constituírem *exigências de optimização*, permitem o balanceamento de valores e interesses (não obedecem, como as regras, à "lógica do tudo ou nada"), consoante o seu *peso* e a ponderação de outros princípios eventualmente conflituantes; as regras não deixam espaço para qualquer outra solução, pois se uma regra *vale* (tem validade) deve cumprir-se na exacta medida das suas prescrições, nem mais nem menos. Como se verá mais adiante, em caso de *conflito entre princípios*, estes podem ser objecto de ponderação e de harmonização, pois eles contêm apenas "exigências" ou "standards" que, em "primeira linha" (*prima facie*), devem ser realizados; as regras contêm "fixações normativas" *definitivas*, sendo insustentável a *validade* simultânea de regras contraditórias. Realça-se também que os princípios suscitam problemas de *validade e peso* (importância, ponderação, valia); as regras colocam apenas questões de *validade* (se elas não são correctas devem ser alteradas)". CANOTILHO, José Joaquim Gomes. Direito constitucional e teoria da constituição. 7. ed. Coimbra: Almedina, 2003, p. 1161-1162. (grifos do autor).

denação, conhecimento, custos e controle de poder. E um sistema só de regras, aplicadas de modo formalista, seria demasiado rígido, pela ausência de válvulas de abertura para o amoldamento das soluções às particularidades dos casos concretos. Com isso se quer apenas dizer que, a rigor, não se pode dizer nem que os princípios são mais importantes do que as regras, nem que as regras são mais necessárias que os princípios. Cada espécie normativa desempenha funções diferentes e complementares, não se podendo sequer conceber uma sem a outra, e a outra sem a uma. [...].[41]

Este autor, ao diferenciar regras e princípios, define as regras como "normas imediatamente descritivas, primariamente retrospectivas e com pretensão de decidibilidade e abrangência", e princípios como "normas imediatamente finalísticas, primariamente prospectivas e com pretensão de complementariedade e de parcialidade". Para esse autor, portanto, os princípios estabelecem um fim a ser atingido (ou seja, estabelece uma orientação prática a ser alcançada). Refere que esse fim a ser atingido representa uma função diretiva para determinação de uma conduta, e essa instituição dos fins é condição para se estabelecer os meios que os alcancem, assim define meios como "condições (objetos, situações) que causem a promoção gradual do conteúdo do fim".

Humberto Ávila sustenta que a diferença entre regras e princípios é uma mera diferença no grau de abstração, sendo os princípios mais abstratos do que as regras. Como sustentação para sua tese, argumenta que as regras não são aplicadas seguindo o modelo "tudo ou nada", pois, tanto quanto os princípios, devem passar elas por um processo interpretativo, e que a única diferença constatável continua sendo o grau de abstração anterior à interpretação.[42]

Estabelece uma diferenciação entre "normas de primeiro e segundo grau", classificando os postulados como "metanormas" dessa forma:

> As normas de segundo grau, redefinidas como postulados normativos aplicativos, diferenciam-se das regras e dos princípios quanto ao nível e

---

[41] ÁVILA, Humberto Bergmann. Teoria dos princípios: da definição à aplicação dos princípios jurídicos. 18. ed., rev. e atual. São Paulo: Malheiros, 2018, p. 147-148.
[42] ÁVILA, Humberto Bergmann. A distinção entre princípios e regras e a redefinição do dever de proporcionalidade. Revista de Direito Administrativo nº 215, Rio de Janeiro, Renovar, 1999, p. 161.

quanto à função. Enquanto os princípios e as regras são o objeto da aplicação, os postulados estabelecem os critérios de aplicação dos princípios e das regras. E enquanto os princípios e as regras servem de comandos para determinar condutas obrigatórias, permitidas e proibidas, ou condutas cuja adoção seja necessária para atingir fins, os postulados servem como parâmetros para a realização de outras normas [...].[43]

Como se verá adiante, para esse autor, proporcionalidade e razoabilidade são metanormas.

1.2.9 Síntese acerca das Proposições Referidas

Vimos que não há uma diferença essencial entre os entendimentos de Ronald Dworkin e Robert Alexy: ambos concordam que regras e princípios são espécies de normas jurídicas. Portanto, dúvida não há, na atual dogmática, de que os princípios são normas e, como tal, têm o poder de regular condutas.

Dworkin e Alexy são representantes da tese da separação qualitativa entre regras e princípios, que advoga que a distinção entre ambas as espécies de normas é de caráter lógico.

Esses autores estrangeiros concordam que os princípios operam de forma diferente das regras, contudo, adotam um critério diferenciador que tem por base a estrutura de aplicação de tais normas, sem analisar, contudo, a sua importância no ordenamento, o seu caráter fundamental. Segundo Dworkin, as regras diferem dos princípios porque somente estes possuem a dimensão de peso. Quando dois ou mais princípios atribuem consequências diversas a um mesmo fato, a sua prevalência dependerá do seu peso relativo no caso concreto. Entretanto, isso não faz com que o princípio de menor peso perca sua validade nem aplicabilidade a outros casos.

Alexy propõe uma concepção diversa: para ele os princípios não são normas dotadas de peso, mas mandamentos de otimização. Esse é o grande diferencial do modelo teórico por ele adotado em relação ao proposto por Ronald Dworkin.

---

[43] ÁVILA, Humberto Bergmann. Teoria dos princípios: da definição à aplicação dos princípios jurídicos. 18. ed., rev. e atual. São Paulo: Malheiros, 2018, p. 137-138.

Para Alexy, "tanto regras quanto princípios são normas, porque ambos dizem o que deve ser".[44] Os princípios podem, como as regras, ser formulados no plano deôntico como premissas básicas do dever, da permissão ou da proibição. São, pois, razões para regulação da conduta concreta dos cidadãos, uma vez que estabelecem fórmulas de dever-ser.

Quanto a esses dois autores, importa concluir que procuraram elaborar teorias das normas a serem aplicadas no Regime de Estado Democrático de Direito, cujo principal signo é a procura pela melhor resposta para o caso concreto, visando, em última instância, repelir a discricionariedade do julgador, o autoritarismo e a arbitrariedade.

J.J. Canotilho, por seu turno, buscou fazer uma síntese das diversas concepções de princípios, concluindo que as regras se distinguem dos princípios a partir do grau de abstração, o grau de determinabilidade, o caráter de fundamentalidade, a proximidade com a ideia de direito e a natureza normogenética dos princípios.

Para Humberto Ávila a distinção entre regras e princípios é de grau de abstração. Segundo esse autor, os princípios são mais abstratos do que as regras.

1.3 A Constituição da República Federativa do Brasil como Sistema Aberto de Regras e Princípios

Vimos que no âmbito do novo constitucionalismo e do pós-positivismo jurídico o sistema jurídico é composto por regras e princípios jurídicos, duas espécies do gênero norma jurídica.

A Constituição, conquanto seja um elemento sistêmico harmônico, não traduz uma completude plena de seus dispositivos no ordenamento; ela se apresenta como um sistema aberto de regras e princípios, de forma a permitir a adaptação do Direito positivo ao evolver da realidade.

É a existência de regras e princípios que permite a compreensão do direito constitucional como um sistema aberto. Se o modelo jurídico estivesse formado apenas por regras, estaríamos restritos a um sistema fechado, com uma disciplina legal exaustiva de todas as situações, alcançando a segurança, mas impedindo que novas situações fossem abarcadas pelo sistema. Por outro lado, a adoção somente de princípios

---

[44] ALEXY, Robert. Teoria dos direitos fundamentais. Tradução de Virgílio Afonso da Silva. 2. ed., 5ª tir. São Paulo: Malheiros Editores, 2017, p. 90-91.

levar-nos-ia a consequências também imprevisíveis, pois diante de tal indeterminação (sem a existência de regras precisas), o sistema mostrar-se-ia "falho de segurança jurídica e tendencialmente incapaz de reduzir a complexidade do próprio sistema".[45]

Os aspectos valorativos e a realidade conjuntural a todo o momento impõem um redimensionamento dinâmico de seus valores, não se podendo tratá-los de forma estática, o que, sem dúvida, torna a Constituição um sistema aberto de regras e princípios.

Canotilho já se manifestava nesta senda, ao tratar do sistema constitucional português, que não difere do nosso nesse aspecto:

> [...] *O sistema jurídico do Estado de direito democrático português é um* **sistema normativo aberto de regras e princípios**. Este ponto de partida carece de descodificação (1) é um *sistema jurídico* porque é um sistema dinâmico de normas; (2) é um *sistema aberto* porque tem uma *estrutura dialógica* (Caliess), traduzida na disponibilidade e capacidade de aprendizagem das normas constitucionais para captarem a mudança da realidade e estarem abertas às concepções cambiantes da verdade e da justiça; (3) é um *sistema normativo*, porque a estruturação das expectativas referentes a valores, programas, funções e pessoas, é feita através de *normas*; (4) é um *sistema de regras e de princípios*, pois as normas do sistema tanto podem revelar-se sob a forma de *princípios* como sob a sua forma de *regras*. (grifos do autor).[46]

Segundo esse autor, a Constituição deve ser compreendida como um sistema aberto de regras e princípios, referindo que

> A articulação de princípios e regras, de diferentes tipos e características, iluminará a compreensão da constituição como um sistema interno assente em princípios estruturantes fundamentais que, por sua vez, assentam em subprincípios. Quer dizer: a constituição é formada por regras e princípios de diferentes graus de concretização (= diferente densidade semântica).[47]

---

[45] CANOTILHO, José Joaquim Gomes. Direito constitucional e teoria da constituição. 7. ed. Coimbra: Almedina, 2003, p. 1.159.

[46] CANOTILHO, José Joaquim Gomes. Direito constitucional e teoria da constituição. 7. ed. Coimbra: Almedina, 2003, p. 1.159.

[47] CANOTILHO, José Joaquim Gomes. Direito constitucional e teoria da constituição. 7. ed. Coimbra: Almedina, 2003, p. 1.173.

O sistema jurídico constitucional configura-se aberto justamente porque necessita de se inter-relacionar com a realidade fática, estando propenso às mudanças históricas e valorativas, pois não é a Constituição um fim em si mesmo, fechada às estruturas de interpretação dialógicas, como ressaltou o mestre português.

Nos Estados de democratização mais tardia, como o Brasil, a constitucionalização do Direito é um processo mais recente, embora muito intenso. A partir de 1988, a Constituição passou a desfrutar não apenas da supremacia formal que sempre teve, mas também de uma supremacia material, axiológica, potencializada pela abertura do sistema jurídico e pela normatividade de seus princípios. Com grande ímpeto, exibindo força normativa sem precedente, a Constituição ingressou na paisagem jurídica do país e no discurso dos operadores jurídicos.[48]

Hoje, a Constituição figura no centro do sistema jurídico, de onde irradia sua força normativa, dotada de supremacia formal e material. Funciona, assim, não apenas como parâmetro de validade para a ordem infraconstitucional, mas também como vetor de interpretação de todas as normas do sistema.

1.4 Interpretação Constitucional e suas Particularidades

Consolidada a noção de norma jurídica e suas espécies regras e princípios,[49] examinada a Constituição como um sistema aberto de regras e princípios, mister agora abordar a interpretação constitucional.

Na ciência do direito, a interpretação é ato indispensável para a efetiva aplicação da norma. Interpretar uma norma contida na Constituição é atribuir-lhe um sentido (significado), mediante a utilização de métodos e princípios próprios desenvolvidos e cientificamente sistematizados pela Hermenêutica Constitucional.[50]

Esse ato de poder, de decisão, para Kelsen, resulta justamente do fato de que "a interpretação de uma lei não deve necessariamente conduzir

---

[48] BARROSO, Luís Roberto. Neoconstitucionalismo e constitucionalização do Direito. O triunfo tardio do Direito Constitucional no Brasil. Revista Jus Navigandi, ISSN 1518-4862, Teresina, ano 10, n. 851, 1 nov. 2005. Disponível em: <https://jus.com.br/artigos/7547>. Acesso em: 23 mar. 2018.
[49] E ainda os postulados, na teoria de Humberto Ávila e de outros doutrinadores.
[50] BUECHELE, Paulo Armínio Tavares. O princípio da proporcionalidade e a interpretação da constituição. Rio de Janeiro: Renovar, 1999, p. 73.

a uma única solução como sendo a única correta, mas possivelmente a várias soluções que – na medida em que apenas sejam aferidas pela lei a aplicar – têm igual valor, se bem que apenas uma delas se torne Direito positivo no ato do órgão aplicador do Direito – no ato do tribunal, especialmente.[51]

Segundo Buechele, hermenêutica e interpretação são conceitos que não se confundem.

> Enquanto a função da interpretação é dar operacionalidade ao Direito, convertendo a norma geral e abstrata numa norma individual e concreta, a hermenêutica não consiste numa atividade, mas em uma teoria científica, que tem por papel fundamental ordenar métodos e princípios próprios para o exercício da(s) operação(ões) interpretativa(s).[52]

Como efeito, a interpretação é essencialmente concreta, reporta-se a uma situação de fato, real ou hipotética, o que equivale a dizer que só é passível de exercitar-se a interpretação quando se está diante de um caso a merecer decisão.[53]

A interpretação constitucional é uma modalidade de interpretação jurídica. Tal circunstância é uma decorrência natural da força normativa da Constituição, isto é, do reconhecimento de que as normas constitucionais são normas jurídicas, compartilhando de seus atributos e, como tal, aplicam-se à interpretação constitucional os elementos tradicionais de interpretação do Direito, definidos como o gramatical, o histórico, o sistemático e o teleológico.

Contudo, as especificidades das normas constitucionais levaram a doutrina e a jurisprudência a desenvolver ou sistematizar um elenco próprio de princípios aplicáveis à interpretação constitucional.

1.4.1 *Conceito e Especificidades da Interpretação Constitucional*

A interpretação constitucional busca compreender, investigar e revelar o conteúdo, o sentido e o alcance das normas constitucionais.

---

[51] KELSEN, Hans apud BUECHELE, Paulo Armínio Tavares. O princípio da proporcionalidade e a interpretação da constituição. Rio de Janeiro: Renovar, 1999, p. 20.

[52] BUECHELE, Paulo Armínio Tavares. O princípio da proporcionalidade e a interpretação da constituição. Rio de Janeiro: Renovar, 1999, p. 22.

[53] BASTOS, Celso Ribeiro. Hermenêutica e interpretação constitucional. São Paulo: Celso Bastos Editor; Instituto Brasileiro de Direito Constitucional, 1997, p. 21.

No conceito de J.J. Canotilho, interpretar uma norma constitucional consiste em atribuir um significado a um ou vários símbolos linguísticos escritos na Constituição com o fim de se obter uma decisão de problemas práticos normativo-constitucionalmente fundada.[54]

Conquanto seja uma espécie de norma jurídica, e como tal deve ser interpretada, a Constituição merece exame destacado dentro do ordenamento jurídico, considerando as singularidades que suas normas apresentam.

Luís Roberto Barroso enumera quatro singularidades das normas constitucionais: i) superioridade hierárquica; ii) natureza da linguagem; iii) conteúdo específico; iv) caráter político.[55]

Segundo esse autor, a superioridade hierárquica expressa a supremacia da Constituição e é o ponto essencial do processo de interpretação constitucional. É ela que confere à Lei Maior o caráter paradigmático e subordinante de todo o ordenamento, de forma tal que nenhum ato jurídico possa subsistir validamente no âmbito do Estado se contraviver seu sentido.[56]

A natureza da linguagem refere-se à veiculação, no texto constitucional, de normas de índole principiológica que apresentam "maior abertura, maior grau de abstração e, consequentemente, menor densidade jurídica".[57]

Com efeito, as normas constitucionais são dotadas de um caráter aberto, amplo e genérico que lhes permite abarcar uma pluralidade de situações. Este caráter aberto das normas constitucionais é decorrência da própria essência da Constituição que é responsável pela fixação das diretrizes e princípios fundamentais do Estado, bem como em virtude de as normas constitucionais, na maioria das vezes, apresentarem-se como princípios ou normas programáticas.

---

[54] CANOTILHO, José Joaquim Gomes. Direito constitucional e teoria da constituição. 7. ed. Coimbra: Almedina, 2003, p. 1.200.
[55] BARROSO, Luís Roberto. Interpretação e aplicação da Constituição: fundamentos de uma dogmática constitucional transformadora. São Paulo: Saraiva, 1999, p. 107.
[56] BARROSO, Luís Roberto. Interpretação e aplicação da Constituição: fundamentos de uma dogmática constitucional transformadora. São Paulo: Saraiva, 1999, p. 107.
[57] BARROSO, Luís Roberto. Interpretação e aplicação da Constituição: fundamentos de uma dogmática constitucional transformadora. São Paulo: Saraiva, 1999, p. 107.

O caráter aberto confere dinamismo ao texto constitucional, possibilitando ao intérprete a adaptação da norma à realidade, sem a necessidade de levar-se a cabo uma reforma formal ao seu texto.

Canotilho reconhece um "espaço de conformação" aos órgãos concretizadores ao consignar:

> Situadas no vértice da pirâmide normativa, as normas constitucionais apresentam, em geral, uma maior abertura (e, consequentemente, uma menor densidade) que torna indispensável uma operação de concretização na qual se reconhece às entidades aplicadoras um "espaço de conformação" ("liberdade de conformação", discricionariedade") mais ou menos amplo.[58]

A Constituição é sede de determinadas categorias de normas que refogem à estrutura típica das normas dos demais ramos do Direito. Nesse sentido, citem-se as normas determinadoras de competências, as normas de organização, as normas de garantias de direitos fundamentais e as normas programáticas. Não se destinam tais normas a prescrever condutas de indivíduos ou de grupos sociais. Têm elas as funções precípuas de estruturar organicamente o Estado, regular os direitos fundamentais e as respectivas garantias e indicar os valores a serem preservados e os fins sociais a serem atingidos.

Finalmente, a Constituição apresenta normas de caráter político "quanto à sua origem, quanto ao seu objeto e quanto aos resultados de sua aplicação".[59]

Isto significa que as normas constitucionais resultam de um poder político fundamental – o poder constituinte originário –, juridicizam o fenômeno político e acarretam consequências para o conjunto de instituições e poderes (partidos políticos, grupos de interesses, categorias empresariais e trabalhistas, opinião pública etc.) quando concretizadas e aplicadas.

Essas peculiaridades singularizam, pois, as normas constitucionais, exigindo princípios e métodos específicos para a sua interpretação.

---

[58] CANOTILHO, José Joaquim Gomes. Direito constitucional e teoria da constituição. 7. ed. Coimbra: Almedina, 2003, p. 210.

[59] BARROSO, Luís Roberto. Interpretação e aplicação da Constituição: fundamentos de uma dogmática constitucional transformadora. 3. ed. São Paulo: Saraiva, 1999, p. 108-112.

Dentre os novos métodos de interpretação constitucional, a doutrina contemporânea elenca os mais conhecidos, a saber: a) científico-espiritual; b) hermenêutico-concretizador; c) tópico-problemático; e d) normativo-estruturante.[60]

Os princípios de interpretação são argumentos, pautas, diretrizes que orientam o trabalho do intérprete/aplicador. Não se trata de normas jurídicas diretamente vinculantes das condutas individuais, mas de instrumentos que ajudam na interpretação e aplicação destas; sem o apoio neles, a compreensão das normas em aplicação não seria adequadamente construída.[61]

Segundo Konrad Hesse e Canotilho, são os seguintes os princípios de interpretação constitucional: (i) princípio da unidade da Constituição; (ii) princípio do efeito integrador; (iii) princípio da máxima efetividade; (iv) princípio da conformidade funcional (justeza); (iv) princípio da concordância prática (harmonização); (v) princípio da força normativa da Constituição; (vi) princípio da interpretação conforme a Constituição.

Não é objeto desse estudo discorrer sobre os métodos e princípios de interpretação constitucional, mas apenas referenciar sua contribuição para a efetividade da Constituição. Por ora cabe indagar: seriam os princípios da proporcionalidade e da razoabilidade também princípios de interpretação constitucional? Antes porém de manifestar sobre essa questão, é mister estudar as origens, delimitar o conteúdo e elementos constitutivos desses princípios, o que se fará no Capítulo 2.

1.4.2 Interpretação Pluralista

A interpretação para Peter Häberle deve ser feita por uma "sociedade aberta", ou seja, todos os que vivem a sociedade constitucional têm o direito de interpretá-la.

Segundo esse autor:

> No processo de interpretação constitucional estão potencialmente vinculados todos os órgãos estatais, todas as potências públicas, todos os

---

[60] BUECHELE, Paulo Armínio Tavares. O princípio da proporcionalidade e a interpretação da constituição. Rio de Janeiro: Renovar, 1999, p. 16.
[61] SANTOS, Gustavo Ferreira. O princípio da proporcionalidade na jurisprudência do Supremo Tribunal Federal: limites e possibilidades. Rio de Janeiro: Editora Lumen Juris, 2004, p. 25.

cidadãos e grupos, não sendo possível estabelecer-se um elenco cerrado ou fixado com *numerus clausus* de intérpretes da Constituição. Interpretação Constitucional tem sido, até agora, conscientemente, coisa de uma sociedade fechada. Dela tomam parte apenas os intérpretes jurídicos "vinculados às corporações" e aqueles participantes formais do processo constitucional. A interpretação constitucional é, em realidade, mais um elemento da sociedade aberta. Todas as potências públicas, participantes materiais do processo social, estão nela envolvidas, sendo ela, a um só tempo, elemento resultante da sociedade aberta e um elemento formador ou constituinte dessa sociedade. Os critérios de interpretação constitucional hão de ser tanto mais abertos quanto mais pluralista for a sociedade.[62]

A teoria trazida por Peter Häberle parte do pressuposto de que a Constituição é um projeto aberto, em contínuo desenvolvimento.

Destarte, esta pluralidade de intérpretes decorre da supremacia da Constituição, pois a ela todos se sujeitam. Reconhece-se, desta forma, que a interpretação da Constituição é legitimamente exercida por uma multiplicidade de intérpretes que representam fontes interpretativas de diversas naturezas.

Em decorrência, esta ampliação dos sujeitos-intérpretes da Constituição faz com que se desenvolva uma força normativa capaz de inspirar a Corte Constitucional a interpretar a Constituição em "correspondência com a sua atualização pública".[63]

De certa forma, a proposta de Häberle embasa a conformação social harmonizada com a textura aberta dos termos que compõem a Constituição.

Dentre as formas de participação democrática na interpretação constitucional, destacam-se a figura do *amicus curiae* e a instituição de audiências públicas perante o STF.

---

[62] HÄBERLE, Peter. Hermenêutica Constitucional. A sociedade aberta dos intérpretes da Constituição: contribuição para a interpretação pluralista e "procedimental" da Constituição. Porto Alegre: Sergio Antonio Fabris Editor, 2002, p. 13.
[63] HÄBERLE, Peter. Hermenêutica Constitucional. A sociedade aberta dos intérpretes da Constituição: contribuição para a interpretação pluralista e "procedimental" da Constituição. Porto Alegre: Sergio Antonio Fabris Editor, 2002, p. 41.

Capítulo 2
Os Princípios da Proporcionalidade e da Razoabilidade

Analisou-se no Capítulo 1 a teoria da norma jurídica constitucional, perpassando os principais critérios de distinção entre as espécies normativas, além das condições de sua aplicabilidade, segundo os principais estudiosos da matéria, bem como o sistema constitucional como um sistema aberto de normas e princípios. A partir deste capítulo, a atenção é voltada ao estudo da proporcionalidade e razoabilidade e sua relação com o Direito Tributário.

2.1 Princípio da Proporcionalidade

A ordem jurídica constitucional não é composta apenas pelas normas expressas em seu texto legal, mas também por princípios que subsistem em estado de latência em seu interior, denominados princípios implícitos. Isso se dá em razão de o texto normativo não exaurir a norma, sendo possível, portanto, extrair-se norma mesmo de onde não haja texto.[64]

Eros Grau os equipara aos princípios gerais do Direito: "Os princípios gerais do direito são, assim, efetivamente descobertos no interior de determinado ordenamento. E o são justamente porque neste mesmo

---

[64] SARMENTO, Daniel. A ponderação de interesses na constituição federal. Rio de Janeiro: Lumen Juris, 2000, p. 53.

ordenamento – isto é, no interior dele – já se encontravam em estado de latência".[65]

A existência desses princípios é reconhecida em diversos dispositivos da Constituição Federal de 1988, tal como na denominada cláusula de reserva, prevista em seu art. 5º, § 2º:

> Art. 5º [...]
>
> § 2º. Os direitos e garantias expressos nesta Constituição não excluem outros decorrentes do regime e dos princípios por ela adotados, ou dos tratados internacionais em que a República Federativa do Brasil seja parte.

É também reconhecida na jurisprudência do STF, conforme a seguir:

> [...] Os princípios podem estar ou não explicitados em normas. Normalmente, sequer constam de texto regrado. Defluem no todo do ordenamento jurídico. Encontram-se ínsitos, implícitos no sistema, permeando as diversas normas regedoras de determinada matéria. O só fato de um princípio não figurar no texto constitucional, não significa que nunca teve relevância de princípio. [...] Os princípios gerais de direito existem por força própria, independentemente de figurarem em texto legislativo. E o fato de passarem a figurar em texto constitucional ou legal não lhes retira o caráter de princípio. (STF, RE 160.381/ SP, 2ª T., rel. Min. Marco Aurélio, RTJ 153/1.030).

Assim, é forçoso reconhecer que há princípios que se encontram na denominada ordem pressuposta, cabendo ao intérprete ou operador do direito identificá-los, por meio da concretização das normas constitucionais.

Impende salientar que não existe hierarquia entre os princípios expressos e os implícitos, sendo que a aplicação de qualquer deles deverá ser feita conforme o resultado da ponderação dos interesses envolvidos no caso concreto.

Dentre os princípios implícitos na Constituição Federal de 1988, temos os da proporcionalidade e da razoabilidade, que são utilizados para solução de problemas concretos, os quais doravante serão objeto deste estudo.

---

[65] GRAU, Eros Roberto. A ordem econômica na Constituição de 1988: interpretação e crítica. 3. ed. São Paulo: Malheiros, 1997, p. 115.

2.1.1 Origem e Desenvolvimento

A busca da justiça é inerente ao ser humano, sendo que, já na era clássica, Aristóteles adotava a noção de "meio termo" e de "justa medida" como ligada à ideia de justiça material.[66]

Helenílson Cunha destaca que a origem e o desenvolvimento do princípio da proporcionalidade se encontram intrinsecamente ligados à evolução dos direitos e garantias individuais da pessoa humana, verificada a partir do surgimento do Estado de Direito na Europa.[67]

Portanto, pode-se afirmar que a origem desse princípio remonta aos séculos XVII e XVIII, quando na Inglaterra surgiram as teorias jusnaturalistas propugnando ter o homem direitos imanentes a sua natureza e anteriores ao aparecimento do Estado, e, por conseguinte, conclamando ter o soberano o dever de respeitá-los.

O professor Willis Santiago destaca que se pode apontar como marco histórico para o surgimento desse tipo de formação política (Estado de Direito), a Magna Carta inglesa, de 1215, que coibia a desproporção entre o delito e a pena, na qual aparece a ideia supracitada, quando estabelece: "O homem livre não deve ser punido por um delito menor, senão na medida desse delito, e por um grave delito ele deve ser punido de acordo com a gravidade do delito".[68]

Segundo esse professor, essa espécie de contrato entre Coroa e senhores feudais é a origem do *Bill of Rights*, de 1689, onde então adquirem força de lei os direitos frente à Coroa, estendidos aos súditos em seu conjunto.[69]

Em 1795, a Declaração dos Direitos do Homem e do Cidadão previu expressamente em seu art. 8.º, que: "A lei só deve estabelecer penas estrita e evidentemente necessárias e ninguém pode ser punido senão por força de uma lei estabelecida e promulgada antes do delito e legalmente aplicada".

---

[66] ARISTÓTELES apud PONTES, Helenilson Cunha. O princípio da proporcionalidade e o direito tributário. São Paulo: Ed. Dialética, 2000, p. 43.
[67] PONTES, Helenilson Cunha. O princípio da proporcionalidade e o direito tributário. São Paulo: Ed. Dialética, 2000, p. 46.
[68] GUERRA FILHO, Willis Santiago. Teoria processual da constituição. São Paulo: Celso Bastos Editor, 2000, p. 75.
[69] GUERRA FILHO, Willis Santiago. Teoria processual da constituição. São Paulo: Celso Bastos Editor, 2000, p. 75-76.

As primeiras manifestações da proporcionalidade como limite à atuação estatal ocorreram ao longo do século XIX, no âmbito do Direito Administrativo. Em um Estado fortemente influenciado pelas ideias liberais, a proporcionalidade foi utilizada para restringir o livre arbítrio das autoridades estatais no exercício do poder de polícia.

Suzana Barros destaca que na França o controle dos atos administrativos era realizado pelo recurso por excesso de poder, instrumento processual adequado para postular-se, perante o Conselho de Estado, órgão superior da jurisdição administrativa, a reforma de decisões por violação ao princípio da legalidade ou, ainda, por desvio de poder. Em seus arestos, o Conselho de Estado exerce um juízo de proporcionalidade das medidas administrativas restritivas, impedindo que a administração, sob o manto da legalidade, se tornasse arbitrária.[70]

A transposição do princípio da proporcionalidade para a seara do Direito Constitucional deveu-se ao desenvolvimento da ideia de Estado de Direito, à consolidação de posições subjetivas dos indivíduos perante o Estado e, sobretudo, às constantes afirmações do princípio pelo Tribunal Constitucional Federal na Alemanha depois da Segunda Guerra Mundial.[71]

Neste sentido disserta Paulo Bonavides sobre a evolução desse princípio:

> Vinculada ao Direito de Polícia e à jurisdição administrativa, a teoria da proporcionalidade vingou primeiro na Prússia, onde alcançou certa maturidade e dali se dilatou aos demais Estados alemães.
> Mas foi depois da segunda Grande Guerra Mundial, após o advento da Lei fundamental, e sobretudo com a jurisprudência do Tribunal Constitucional, que o princípio da proporcionalidade logrou, tanto na Alemanha como na Suíça, uma larga aplicação de caráter constitucional, em mais de 150 arestos, conforme assinalou Klaus Stern.[72]

---

[70] BARROS, Suzana de Toledo. O princípio da proporcionalidade e o controle de constitucionalidade das leis restritivas de direitos fundamentais. 3. ed. Brasília: Brasília Jurídica, 2003, p. 42-43.
[71] PONTES, Helenilson Cunha. O princípio da proporcionalidade e o direito tributário. São Paulo: Ed. Dialética, 2000, p. 46.
[72] BONAVIDES, Paulo. Curso de direito constitucional. 33. ed. São Paulo: Malheiros, 2018, p. 417.

Na Alemanha, esse mesmo instituto também é conhecido como princípio da proibição do excesso.[73]

Foi somente a partir do final da Segunda Guerra Mundial que a proporcionalidade, de origem germânica, atraiu o interesse da doutrina internacional e passou a ser constantemente empregada pela jurisprudência de diversos países na solução de conflitos entre direitos fundamentais.

Ricardo Cretton destaca que o reconhecimento do princípio da proporcionalidade como princípio constitucional se deve à doutrina e à farta jurisprudência do Tribunal Constitucional alemão no pós-2ª Guerra Mundial, constituindo marco de referência decisão proferida em 16 de março de 1971 sobre armazenagem de petróleo, em que o Tribunal Constitucional Alemão conceituou nos seguintes termos o princípio:

> O meio empregado pelo legislador deve ser adequado e necessário para alcançar o objetivo procurado. O meio é adequado quando com seu auxílio se pode alcançar o resultado desejado; é necessário, quando o legislador não poderia ter escolhido um outro meio, igualmente eficaz, mas que não limitasse ou limitasse da maneira menos sensível o direito fundamental.[74]

O desenvolvimento do princípio da proporcionalidade na jurisprudência alemã ocasionou a expansão de estudos em toda a Europa sobre o tema, possibilitando que outros países como Suíça, Áustria, França, Itália, Espanha e Portugal construíssem doutrina e jurisprudência sobre ele.[75]

---

[73] CRETTON, Ricardo Aziz. Os princípios da proporcionalidade e da razoabilidade e sua aplicação no direito tributário. Rio de Janeiro: Lumen Juris, 2001. p. 58. Nesse sentido, mencionem-se ainda os seguintes autores, dentre outros referenciados neste trabalho: BARROS, Suzana de Toledo. O princípio da proporcionalidade e o controle de constitucionalidade das leis restritivas de direitos fundamentais. 3. ed. Brasília: Brasília Jurídica, 2003. p. 74; BONAVIDES, Paulo. Curso de direito constitucional. 33. ed. São Paulo: Malheiros, 2018. p. 412.
[74] CRETTON, Ricardo Aziz. Os princípios da proporcionalidade e da razoabilidade e sua aplicação no direito tributário. Rio de Janeiro: Lumen Juris, 2001. p. 66. Tal julgado também é referenciado por BARROS, Suzana de Toledo. O princípio da proporcionalidade e o controle de constitucionalidade das leis restritivas de direitos fundamentais. 3. ed. Brasília: Brasília Jurídica, 2003, p. 48-49, dentre outros autores citados neste trabalho.
[75] GUERRA FILHO, Willis Santiago. Teoria processual da constituição. São Paulo: Celso Bastos Editor, 2000, p. 75-76.

No Direito português, o princípio da proporcionalidade foi erigido à dignidade de princípio constitucional, consagrando-se nos artigos 18, n. 2, e 266, n. 2.[76]

Conforme o escólio de Canotilho, a proporcionalidade, primordialmente, dizia respeito ao problema da limitação do Poder Executivo, sendo considerado como medida para as restrições administrativas da liberdade individual. Nesse sentido, no séc. XIX, foi introduzido no direito administrativo como princípio geral do direito de polícia e, posteriormente, o "princípio da proporcionalidade em sentido amplo", também conhecido por "princípio da proibição do excesso" (Übermassverbot) erigido à dignidade de princípio constitucional português.[77]

Sob a égide do Estado de Direito na concepção pós-2ª Guerra Mundial, com o deslocamento do respeito aos direitos fundamentais para o centro de gravidade da ordem jurídica, converteu-se o princípio da proporcionalidade em princípio constitucional por obra da doutrina e jurisprudência, como expressão do controle de constitucionalidade.

Um dos principais idealizadores do princípio da proporcionalidade no direito foi o alemão Robert Alexy, que muito contribuiu para o seu desenvolvimento no Brasil, através de sua obra Teoria dos Direitos Fundamentais.[78]

O professor Helenilson Cunha destaca que "o princípio da proporcionalidade representa, a rigor, uma dimensão concretizadora da supremacia do interesse primário (da coletividade), verdadeiro interesse público, sobre o interesse secundário (próprio Estado)".[79]

Em sua obra, esse autor deixa evidente que afirmar a submissão do Estado ao princípio da proporcionalidade significa impor um limite jurídico, de estatura constitucional, à ação normativa estatal.

---

[76] Artigo 18, 2. A lei só pode restringir direitos, liberdades e garantias nos casos expressamente previstos na Constituição, devendo as restrições limitar-se ao necessário para salvaguardar outros direitos e/ou interesses constitucionalmente protegidos.
Artigo 266, 2. Os órgãos e agentes administrativos estão subordinados à Constituição e à lei e devem actuar, no exercício das suas funções, com respeito pelos princípios da igualdade, da proporcionalidade, da justiça, da imparcialidade e da boa-fé.
[77] CANOTILHO, José Joaquim Gomes. Direito constitucional e teoria da constituição. 7. ed. Coimbra: Almedina, 2003, p. 266-267.
[78] Obra referenciada na bibliografia.
[79] PONTES, Helenilson Cunha. O princípio da proporcionalidade e o direito tributário. São Paulo: Ed. Dialética, 2000, p. 50.

A supremacia da Constituição constitui o ponto de partida para a compreensão do princípio da proporcionalidade, conforme os ensinamentos desse professor:

> O conteúdo jurídico-material do princípio da proporcionalidade decorre inelutavelmente do reconhecimento da supremacia hierárquico-normativa da Constituição. A proporcionalidade, como princípio jurídico implícito do Estado de Direito, é uma garantia fundamental para a concretização ótima dos valores consagrados na Constituição. A proporcionalidade é princípio que concretiza o postulado segundo o qual o Direito não se esgota na lei (ato estatal que deve representar a síntese da vontade geral).[80]

Na mesma esteira são as lições de Paulo Bonavides, que afirma:

> Em nosso ordenamento constitucional não deve a proporcionalidade permanecer encoberta. Em se tratando de princípio vivo, elástico, prestante, protege ele o cidadão contra os excessos do Estado e serve de escudo à defesa dos direitos e liberdades constitucionais. De tal sorte que urge, quanto antes, extraí-lo da doutrina, da reflexão, dos próprios fundamentos da Constituição, em ordem a introduzi-lo, com todo o vigor, no uso jurisprudencial.[81]

Na concepção de Helenilson Cunha, a proporcionalidade apresenta duas dimensões, complementares entre si: i) uma dimensão de princípio geral de vedação do arbítrio estatal[82], e outra ii) de concretização prática dos diferentes direitos, interesses e garantias constitucionais. A proporcionalidade como cláusula geral antiarbítrio, exerce, em relação ao Estado, uma função negativa ou de proteção, constituindo-se, o princípio da proporcionalidade, em verdadeira norma de bloqueio, isto é, comando jurídico no qual se sobressai a função de proteção do indivíduo contra medidas estatais arbitrárias. Na segunda dimensão, segundo o autor, a proporcionalidade consubstancia um instrumento de concre-

---

[80] PONTES, Helenilson Cunha. O princípio da proporcionalidade e o direito tributário. São Paulo: Ed. Dialética, 2000, p. 51.
[81] BONAVIDES, Paulo. Curso de direito constitucional. 33. ed. São Paulo: Malheiros, 2018, p. 444.
[82] É esta dimensão que será explorada neste trabalho, tendo em vista a natureza do Direito Tributário.

tização ótima das pretensões constitucionais que aparentemente possam apresentar-se contraditórias. O autor conclui que, assim concebido, o princípio da proporcionalidade desempenha notável função positiva de afirmação da normatividade dos comandos constitucionais.[83]

Segundo Helenilson Cunha, a proibição do excesso representa o núcleo do princípio da proporcionalidade.[84]

2.1.2 O Princípio da Proporcionalidade e seus Elementos

Paulo Bonavides, citando Pierre Müller, descreve o princípio da proporcionalidade como aquele que "se caracteriza pelo fato de presumir a existência de relação adequada entre um ou vários fins determinados e os meios com que são levados a cabo."[85]

A doutrina alemã estrutura três elementos parciais, ou subprincípios, constitutivos do princípio da proporcionalidade:[86] i) subprincípio da adequação, pertinência ou aptidão (*Geeignetheit*); ii) subprincípio da necessidade ou da exigibilidade (*Erforderlichkeit*); e iii) subprincípio da proporcionalidade em sentido estrito (*Verhältnismässigkeit*).

Convém analisar, pois, cada um deles.

2.1.2.1 Adequação

A adequação de meios impõe que a medida adotada para a realização do interesse público deve ser apropriada à consecução dos fins a ele subjacentes. Em consequência, a exigência de conformidade pressupõe a investigação e a prova de que o ato do poder público é apto e conforme os fins justificativos da sua adoção. Trata-se de forma de controle da relação de adequação medida-fim, questionando-se se o meio utilizado contribui para fomentar a realização do objetivo pretendido.

---

[83] PONTES, Helenilson Cunha. O princípio da proporcionalidade e o direito tributário. São Paulo: Ed. Dialética, 2000, p. 57.
[84] PONTES, Helenilson Cunha. O princípio da proporcionalidade e o direito tributário. São Paulo: Ed. Dialética, 2000, p. 58.
[85] BONAVIDES, Paulo. Curso de direito constitucional. 33. ed. São Paulo: Malheiros, 2018, p. 402.
[86] Cumpre observar que a doutrina brasileira também vem lecionando que o princípio da proporcionalidade se reparte nestes três subprincípios. Outras terminologias utilizadas pela doutrina em substituição a estes elementos ou subprincípios são: pressupostos ou requisitos, máximas, subprincípios constitutivos.

2.1.2.2 Necessidade

O subprincípio da necessidade, exigibilidade ou da menor ingerência possível, tem como diretriz a ideia de que o cidadão tem direito à menor desvantagem possível e que o meio deve ser o mais idôneo. O princípio da necessidade questiona a necessidade relativa, isto é, se o legislador poderia ter adotado outro meio igualmente eficaz, realizando o objetivo com a mesma intensidade, e menos desvantajoso para os cidadãos. Consiste o elemento da necessidade em um exame comparativo, enquanto o exame da adequação é absoluto.

2.1.2.3 Proporcionalidade em Sentido Estrito

O subprincípio da proporcionalidade em sentido estrito deve ser entendido como o princípio da "justa medida", exaltando a ideia de equilíbrio entre os valores e bens. Os meios e o fim são colocados em equação mediante um juízo de ponderação, com o objetivo de verificar se o meio é proporcional em relação ao fim. Trata-se de pesar as desvantagens do meio em relação às vantagens do fim[87]. Fere-se a proporcionalidade em sentido estrito se o meio adotado acaba por restringir mais os direitos do que efetivamente promovê-los.

A aplicação do princípio da proporcionalidade nem sempre implica a análise de todos os seus três subprincípios, tendo em vista que os mesmos se relacionam de forma subsidiária entre si. Dessa forma, a apreciação da necessidade só é exigível se o caso já não tiver sido resolvido com a análise da adequação, enquanto o exame da proporcionalidade em sentido estrito só é imprescindível se o problema já não tiver sido solucionado com a análise da adequação e da necessidade.[88]

O ato analisado pode ser considerado desproporcional – e consequentemente inconstitucional – com o simples descumprimento de um dos subprincípios formadores do princípio da proporcionalidade, seja ele qual for.

Segundo o jusfilósofo alemão, Robert Alexy, os dois primeiros subprincípios (para ele idoneidade e necessidade) encerram uma ideia de

---

[87] CANOTILHO, José Joaquim Gomes. Direito constitucional e teoria da constituição. 7. ed. Coimbra: Almedina, 2003, p. 270.
[88] SILVA, Virgílio Afonso da. O proporcional e o razoável. Revista dos Tribunais, São Paulo, Revista dos Tribunais, ano 91, n. 798, abr. 2002, p. 34-35.

otimização, quanto às possibilidades fáticas surgidas na colisão entre valores fundamentais, enquanto ao terceiro subprincípio, da proporcionalidade em sentido estrito, resta a ideia de otimização, relativamente às respectivas possibilidades jurídicas.[89]

Humberto Ávila afirma que o postulado da proporcionalidade não se confunde com a ideia de proporção em suas mais variadas manifestações. Ele se aplica apenas a situações em que há uma relação de causalidade entre dois elementos empiricamente discerníveis, um meio e um fim, de tal sorte que se possa proceder aos três exames fundamentais: o da adequação, o da necessidade e o da proporcionalidade em sentido estrito. Segundo esse autor, nesta senda a proporcionalidade, como postulado estruturador da aplicação de princípios que concretamente se imbricam em torno de uma relação de causalidade entre um meio e um fim, não possui aplicabilidade irrestrita. Sem um meio, um fim concreto e uma relação de causalidade entre eles não há aplicabilidade do postulado da proporcionalidade em seu caráter trifásico.[90]

Segundo Suzana Barros, o STF empregou pela primeira vez a expressão princípio da proporcionalidade em sede de controle de constitucionalidade em 1993 (ADI 855-2), quando deferiu a medida liminar de suspensão dos efeitos da Lei paranaense n. 10.248/93, nos termos abaixo:

> Gás liquefeito de petróleo: lei estadual que determina a pesagem de botijões entregues ou recebidos para a substituição à vista do consumidor, com pagamento imediato de eventual diferença a menor: arguição de inconstitucionalidade fundada nos arts. 22, IV e VI (energia e metrologia), 24 e §§, 25, § 2º, e 238, **além de violação ao princípio de proporcionalidade e razoabilidade das leis restritivas de direitos:** plausibilidade jurídica da arguição que aconselha a suspensão cautelar da lei impugnada, a fim de evitar danos irreparáveis à economia do setor, no caso de vir a declarar-se a inconstitucionalidade: liminar deferida. (grifo nosso).[91]

---

[89] Robert Alexy, apud QUEIROZ, Saulo Pinheiro de. O princípio da proporcionalidade e a sua aplicação ao regime sancionatório dos contratos administrativos. Pará de Minas: Virtual Books Editora, 2016, p. 32.

[90] ÁVILA, Humberto Bergmann. Teoria dos princípios: da definição à aplicação dos princípios jurídicos. 18. ed., rev. e atual. São Paulo: Malheiros, 2018, p. 206.

[91] BARROS, Suzana de Toledo. O princípio da proporcionalidade e o controle de constitucionalidade das leis restritivas de direitos fundamentais. 3. ed. Brasília: Brasília Jurídica, 2003, p. 75-76.

A referida lei determinava que todos os veículos que vendessem botijões de gás à vista do consumidor deveriam possuir uma balança para pesagem. Esta norma foi declarada desproporcional, não apenas porque a proteção do consumidor poderia ser atingida por outros meios (exame da necessidade), mas também porque a liberdade de iniciativa e os interesses privados foram restringidos excessivamente (proibição de excesso).

Segundo Humberto Ávila, a leitura do acórdão permite verificar que a intensidade das restrições causadas aos princípios da livre iniciativa e da propriedade privada (ônus excessivo às companhias, pois elas teriam de dispor de uma balança para cada veículo, elevando o custo, que seria repassado para o preço dos botijões, e exigindo dos consumidores que se locomovessem até os veículos para acompanhar a pesagem) superava a importância da promoção do fim (proteção dos consumidores).[92]

Convém trazer à baila um exemplo prático de utilização do princípio da proporcionalidade, colhido da jurisprudência do STF e analisado por Virgílio Silva.[93] Trata-se da Ação Declaratória de Constitucionalidade (ADC 9-6), proposta pelo Presidente da República para que os artigos 14 a 18 da MP 2.152-2 – que trata do racionamento de energia –, fossem declarados constitucionais, com efeitos vinculantes. O Pretório Excelso deferiu a medida cautelar na ação declaratória para suspender, com eficácia *ex tunc*, e com efeito vinculante, até final julgamento da ação, "a prolação de qualquer decisão que tenha por pressuposto a constitucionalidade ou a inconstitucionalidade dos artigos 14 a 18 da Medida Provisória 2.152-2". O Tribunal entendeu "demonstrada, em face da crise de energia elétrica, a proporcionalidade e a razoabilidade das medidas tomadas".[94]

Referidos artigos disciplinam as metas de consumo de energia elétrica e preveem as sanções para aqueles que não as cumprirem. A medida que aqui interessa é a suspensão do fornecimento de energia elétrica.

Segundo Virgílio Silva, o teste da adequação da medida limita-se, como já visto, ao exame de sua aptidão para fomentar os objetivos visados.

---

[92] ÁVILA, Humberto Bergmann. Teoria dos princípios: da definição à aplicação dos princípios jurídicos. 18. ed., rev. e atual. São Paulo: Malheiros, 2018, p. 219-220.
[93] SILVA, Virgílio Afonso da. O proporcional e o razoável. Revista dos Tribunais, São Paulo, Revista dos Tribunais, ano 91, n. 798, abr. 2002, p. 36-41.
[94] No julgamento do mérito do pedido o Pleno decidiu manter a decisão cautelar, vencidos os ministros Néri da Silveira e Marco Aurélio Mello. Julg. 13.12.2001. DJ 23.04.2004. Relator Min. Néri da Silveira. Redação p/ o Ac. Min. Ellen Gracie.

O objetivo do plano de racionamento de energia elétrica é, como prevê o próprio art. 1º da MP 2152-2, de 1 de junho de 2001 "compatibilizar a demanda e a oferta de energia elétrica, de forma a evitar interrupções intempestivas ou imprevistas do suprimento de energia elétrica".

Segundo esse autor, é questionável se a previsão de suspensão do fornecimento de energia elétrica, nos moldes previstos pela MP 2152-2/2001, é medida adequada – ou a mais adequada – para que sejam completamente evitadas «interrupções intempestivas ou imprevistas do suprimento de energia elétrica». Mas é inegável que, devido ao seu caráter coercitivo, a medida pressiona os consumidores a economizar energia elétrica e, ainda que, sozinha, não seja necessariamente capaz de evitar as interrupções no fornecimento de energia, colabora para que esse objetivo possa ser alcançado. Destarte, se pode dizer que as medidas previstas nos arts. 14 a 18 da MP 2152-2/2001 são adequadas, nos termos exigidos pela regra da proporcionalidade.[95]

Visto que as medidas previstas nos referidos dispositivos legais são adequadas, porquanto ajudam a promover a economia de energia por parte dos consumidores e, com isso, colaboram para que se evitem interrupções intempestivas ou imprevistas do suprimento de energia elétrica, na análise da necessidade dessas medidas, trata-se de cotejá-las com outras medidas que sejam capazes de promover o mesmo objetivo com a mesma intensidade, mas que restrinjam menos os direitos dos cidadãos. Para tanto, é necessário primeiramente questionar quais direitos são limitados. A ameaça de suspensão do fornecimento de energia elétrica restringe, em primeiro lugar, o amplo acesso a um serviço público de primeira necessidade. E restringe-o de forma extremamente desigual, porquanto a fixação de cotas baseadas na média de consumo de meses anteriores faz com que justamente aqueles que sempre economizaram energia tenham a menor margem de manobra, correndo um risco maior de ter seu fornecimento de energia suspenso.

Segundo Virgílio Silva, no caso, não só o direito de igualdade perante a lei (CF, art. 5º, *caput* e inciso I) é limitado pelo plano de racionamento de energia, mas também a livre iniciativa, quando esta depende de fornecimento de energia que supere os limites fixados, e o direito ao trabalho, pelas mesmas razões. Em última análise, até mesmo o direito a uma vida digna é limitado.

---

[95] Esse autor considera que a proporcionalidade é uma regra.

Como já explicado, na análise da necessidade de uma medida, deve-se indagar sobre a existência de medida igualmente eficaz. No caso em análise, de medida que também possa fazer com que sejam evitadas "interrupções intempestivas ou imprevistas do suprimento de energia elétrica", mas que restrinjam em menor escala os direitos dos cidadãos. Uma aplicação real da sub-regra da necessidade, algo não realizado pelo STF, implica analisar medidas alternativas que foram propostas em grande quantidade e bastante divulgadas. É provável que uma análise minuciosa dessas alternativas revelasse a existência de medidas tão (ou mais) adequadas do que as adotadas pelo Governo Federal, mas que restringissem em menor intensidade os direitos dos cidadãos. Nesse caso, as medidas previstas pelas medidas provisórias do Governo deveriam ser consideradas desproporcionais, pois, conquanto fossem elas adequadas para fomentar a realização do objetivo desejado, dificilmente resistiriam a um cotejo com medidas alternativas e seriam classificadas como desnecessárias. É claro que não se pode excluir a possibilidade de que as medidas governamentais sejam, de fato, necessárias. Mas a essa conclusão só pode chegar quem as compara com medidas alternativas. Essa é a essência do exame da necessidade.

Dada a relação de subsidiariedade que as sub-regras da proporcionalidade guardam entre si, só há que se falar em exame da proporcionalidade em sentido estrito caso a medida estatal tiver sido considerada adequada e necessária. Como, na análise acima realizada, chegou-se à conclusão de que as medidas previstas pelos arts. 14 a 18 da MP 2152-2//2001 não são necessárias, então não há a possibilidade de se indagar acerca de sua proporcionalidade em sentido estrito.

2.2 Princípio da Razoabilidade

2.2.1 Origem e Desenvolvimento

Segundo Ricardo Cretton,[96] o princípio da razoabilidade tem sua origem e desenvolvimento ligados à garantia do devido processo legal, instituto ancestral do direito anglo-saxão.

---

[96] CRETTON, Ricardo Aziz. Os princípios da proporcionalidade e da razoabilidade e sua aplicação no direito tributário. Rio de Janeiro: Lumen Juris, 2001, p. 43-44.

Luís Roberto Barroso[97] destaca que a matriz do princípio da razoabilidade remonta à cláusula *law of the land*, inscrita na Magna Carta de 1215, documento reconhecido por grande parte da doutrina como um dos antecedentes do constitucionalismo e que marcou época, pois garantiu os direitos individuais dos nobres detentores de fortuna e propriedades face aos desmedidos privilégios e atitudes do soberano inglês.

A evolução do devido processo legal para uma concepção substantiva deu-se em sede jurisprudencial na Suprema Corte norte-americana, girando do eixo das liberdades econômicas para o dos direitos fundamentais a partir da década de 1930, e, mais concretamente, durante os litígios relativos aos "direitos e liberdades civis" ocorridos nas décadas de 60 e 70.

Luís Roberto Barroso informa que durante a maior parte dos trabalhos da Assembleia Nacional Constituinte, de que resultou a Constituição de 1988, o princípio da razoabilidade constou de diferentes projetos, inclusive do texto ao final aprovado pela Comissão de Sistematização, onde constava do *caput* do artigo 44:

> A administração pública, direta ou indireta, de qualquer dos Poderes obedecerá aos princípios da legalidade, impessoalidade, moralidade e publicidade, exigindo-se, como condição de validade dos atos administrativos, a motivação suficiente e, como requisito de sua legitimidade, a razoabilidade.

Todavia, referido princípio foi suprimido, pelo Plenário, do texto que, afinal veio a constituir o artigo 37, *caput*, da Carta Política.[98]

Segundo esse doutrinador, "o princípio da razoabilidade é um parâmetro de valoração dos atos do Poder Público para aferir se eles estão informados pelo valor superior inerente a todo ordenamento jurídico: a justiça".[99]

---

[97] BARROSO, Luís Roberto. Temas de direito constitucional. Rio de Janeiro: Renovar, 2001, p. 154-155.
[98] Várias Constituições Estaduais, porém, mencionam expressamente o princípio da razoabilidade, como a do Estado do Rio Grande do Sul (art. 19), do Estado de São Paulo (art. 111), do Estado de Minas Gerais (art. 13) e do Estado de Sergipe (art. 25).
[99] BARROSO, Luis Roberto. Interpretação e aplicação da Constituição: fundamentos de uma dogmática constitucional transformadora. 3. ed. São Paulo: Saraiva, 1999, p. 215.

José Afonso da Silva afirma também estar o princípio da "proporcionalidade razoável" consagrado enquanto princípio constitucional geral e explícito de tributação, traduzido na norma que impede a tributação com efeitos de confisco (artigo 150, IV).[100]

O termo razoabilidade é polissêmico, conforme acentuado por Suzana Barros, para quem

> [...] razoabilidade enseja desde logo uma ideia de adequação, idoneidade, aceitabilidade, logicidade, equidade, traduz aquilo que não é absurdo, tão-somente o que é admissível. Razoabilidade tem, ainda, outros significados, como, por exemplo, bom senso, prudência e moderação.[101]

Luis Roberto Barroso, para quem esse princípio é mais de ser sentido do que conceituado, define o que vem a ser razoável nos seguintes termos: "é razoável o que seja conforme a razão, supondo equilíbrio, moderação e harmonia; o que não seja arbitrário ou caprichoso; o que corresponda ao senso comum, aos valores vigentes em dado momento ou lugar".

2.2.2 O Princípio da Razoabilidade no Direito Norte-americano

O princípio da razoabilidade, consagrado nas decisões da Suprema Corte norte-americana, tem origem no desenvolvimento de uma noção substantiva da cláusula do devido processo legal (*due process of law*), em contraste com um caráter originário meramente processual assecuratório, sobretudo, da defesa do acusado em processo penal.[102]

Como já visto, suas origens estão na Inglaterra medieval, especialmente no capítulo 39 da Magna Carta, de João Sem-Terra, de 1215, anteriormente citada, que consagra a *Law of the Land*, ou seja, o direito a um julgamento justo com base no direito da terra. Foi trasladado para a

---

[100] SILVA, José Afonso. Curso de Direito Constitucional Positivo. 33. ed. São Paulo: Malheiros, 2010, p. 715.
[101] BARROS, Suzana de Toledo. O princípio da proporcionalidade e o controle de constitucionalidade das leis restritivas de direitos fundamentais. 3. ed. Brasília: Brasília Jurídica, 2003, p. 72.
[102] No aspecto procedimental, o devido processo legal consiste na garantia de que um ato estatal apenas será válido quando for fruto de um processo adequado de tomada de decisão, como a observância ao contraditório e à ampla defesa, entre outros; na dimensão substantiva, consiste na garantia dos atos estatais materialmente adequados.

América mesmo antes da independência das ex-colônias inglesas, aparecendo em uma lei do Estado de Massachussetts de 1692 e reaparecendo, posteriormente, em sua Constituição.[103]

A 5ª Emenda, de 1791, e a 14ª Emenda, de 1868, à Constituição norte-americana, consagraram definitivamente a proteção, determinando que ninguém será privado da vida, da liberdade ou da propriedade sem o devido processo legal.[104]

Nos Estados Unidos, o princípio da razoabilidade foi fruto da grande liberdade de criação do Direito, por meio da prática jurisprudencial. Como explica Suzana Barros,

> ao contrário do que ocorreu na França, nos Estados Unidos desenvolveu-se, no período pré-revolucionário, uma desconfiança em relação ao Parlamento, em face das experiências dos colonos, que tiveram seus direitos postergados inúmeras vezes pela prepotência das assembléias e dos governadores nomeados pela Coroa, sobretudo em relação ao direito de propriedade. Por outro lado, o Parlamento inglês, no período colo-

---

[103] SANTOS, Gustavo Ferreira. O princípio da proporcionalidadenajurisprudência do Supremo Tribunal Federal: limites e possibilidades. Rio de Janeiro: Editora Lumen Juris, 2004, p. 122.

[104] SANTOS, Gustavo Ferreira. O princípio da proporcionalidadenajurisprudência do Supremo Tribunal Federal: limites e possibilidades. Rio de Janeiro: Editora Lumen Juris, 2004, p. 122.
Eis o teor das emendas:
Emenda V – "Ninguém será obrigado a responder por crime capital, ou de natureza infamante, senão em virtude de denúncia, ou acusação perante um grande júri, exceto em delitos cometidos pelas forças de terra ou de mar, ou pela milícia, quando se achar em serviço ativo em tempo de guerra ou de perigo público; nem pessoa alguma poderá, pelo mesmo crime, sujeitar-se por duas vezes a um processo que lhe ponha em risco a vida ou algum membro do corpo; nem poderá ser obrigada a servir de testemunha, em pleito criminal contra si mesmo, nem poderá ser privada da vida, da liberdade ou da propriedade, sem um devido processo legal (*due process of law*), nem a propriedade privada poderá ser tomada para uso público, sem justa compensação."
Emenda XIV, Seção. 1ª – "Todas as pessoas nascidas ou naturalizadas nos Estados Unidos, e sujeitas à sua jurisdição, são cidadãos dos Estados Unidos e do estado onde residem. Nenhum Estado promulgará nem executará leis que restrinjam os privilégios e as imunidades dos cidadãos dos Estados Unidos; nem nenhum Estado poderá privar pessoa alguma de sua vida, liberdade ou propriedade, sem o devido processo legal (*due process of law*), nem poderá negar a ninguém, que se achar dentro da sua jurisdição, a proteção, igual para todos, das leis".

nial, pouca influência tinha na América, pois não se reconhecia seu poder além-mar. Eram, as colônias americanas, patrimônio do rei.[105]

Ao lado do princípio da igualdade perante a lei, esta versão substantiva do devido processo legal tornou-se importante instrumento de defesa dos direitos individuais, ensejando o controle do arbítrio do legislativo e da discricionariedade governamental. É por seu intermédio que se procede ao exame de razoabilidade (*reasonableness*) e de racionalidade (*rationality*) das normas jurídicas e dos atos do Poder Público em geral.

Luis Roberto Barroso afirma que o reconhecimento desta dimensão substantiva do devido processo legal passou por três fases distintas e de certa forma cíclicas; inicialmente, ocorreu a ascensão e consolidação, do final do século XIX até a década de 30; seu desprestígio e quase abandono no final da década de 30; seu renascimento triunfal na década de 50, no fluxo da revolução progressista promovida pela Suprema Corte sob a presidência de Earl Warren. Atualmente, a Suprema Corte reassumiu um perfil conservador e o ativismo judicial, que se manifestava destacadamente pelo uso substantivo da cláusula do devido processo legal, vive um momento de refluxo.[106]

A doutrina do devido processo legal substantivo começou a se delinear no final do século passado, como reação ao intervencionismo estatal na ordem econômica. A decisão judicial que melhor simbolizou este período, segundo esse professor, foi proferida em *Lochner v. New York*, onde, em nome da liberdade de contrato, considerou-se inconstitucional uma lei de Nova York que limitava a jornada de trabalho dos padeiros em 10 horas diárias e 60 horas semanais. Esse caso funciona como *leading case* do devido processo legal substantivo. A Corte afirmou que, para que uma lei que interfira nos direitos individuais seja válida, "a lei deve ter uma relação direta entre meios e fins, e a finalidade mesma precisa ser apropriada e legítima".[107]

---

[105] BARROS, Suzana de Toledo. O princípio da proporcionalidade e o controle de constitucionalidade das leis restritivas de direitos fundamentais. 3. ed. Brasília: Brasília Jurídica, 2003, p. 60.

[106] BARROSO, Luís Roberto. Interpretação e aplicação da Constituição: fundamentos de uma dogmática constitucional transformadora. 3. ed. São Paulo: Saraiva, 1999, p. 211-212.

[107] Cf COSTA, Alexandre Araújo. O controle de razoabilidade no direito comparado. Brasília: Thesaurus, 2008, p. 56.

A superação desta primeira fase, segundo ensinamento de Luís Roberto Barroso, se deu pelo advento do *New Deal*, após a crise de 1929.

Eleito presidente em 1932, Franklin Roosevelt deu início à edição de ampla legislação social e de intervenção no domínio econômico. Em 1935, os casos em que esta legislação era contestada começaram a chegar à Suprema Corte, que, fiel à doutrina Lochner e hostil ao intervencionismo estatal, passou a invalidar diversas leis importantes para o plano de recuperação econômica. No ano de 1935, ao julgar o caso *Schechter Poultry Corp v. United States*, a Suprema Corte declarou a inconstitucionalidade da Lei Nacional de Recuperação Industrial, de 1933, reputada essencial para a continuidade da ação governamental, e que continha normas sobre concorrência desleal, preços e salários, jornada de trabalho e negociações coletivas. Estabeleceu-se um confronto entre o Poder Executivo e o Poder Judiciário.

No início de 1937, Franklin Roosevelt enviou uma mensagem legislativa ao Congresso modificando a composição da Suprema Corte, com vistas a obter maioria naquele colegiado. Conhecida como *court-packing-plan*, a lei não foi aprovada pelo Congresso, mas, pressionada, a Suprema Corte norte-americana mudou sua orientação e abdicou do exame de mérito das normas de cunho econômico, encerrando o controle substantivo de tais leis. Assim, se deu o declínio do devido processo legal substantivo.

A terceira fase do devido processo legal substantivo teve como antecedente importante a distinção entre liberdades econômicas e não econômicas, cujo marco mais célebre foi a nota de rodapé n. 4, integrante do voto do Juiz Stone ao julgar o caso *United States v. Carolene Products*. Luís Roberto Barroso ressalta:

> No primeiro domínio, a atitude dos tribunais deveria ser de deferência aos outros Poderes. Mas no tocante às liberdades pessoais, inclusive e especialmente quanto à proteção das minorias, o intervencionismo judicial continuava a ser indispensável. Estes direitos e liberdades não-econômicos, que incluem a liberdade de expressão, de religião, bem como direitos de participação política e de privacidade, muitos deles não decorrentes expressamente do texto, foram a tônica do constitucionalismo americano das últimas décadas. Decisões polêmicas na área da igualdade racial, como Brown v. Board of Education, dos direitos políticos, como Reynolds

v. Sims, e de processo penal, como Miranda v. Arizona, fizeram deste período um dos mais "portentosos e tumultuados" da história da Corte".[108]

No âmbito da aplicação substantiva do devido processo legal, os casos que mais se destacaram foram *Griswold v. Connecticut* e *Roe v. Wade*, em que a Suprema Corte declarou a inconstitucionalidade de leis estaduais e consagrou o direito de privacidade, não expressamente inscrito na Constituição. Em Griswold, invalidou-se uma lei do Estado de Connecticut que incriminava o uso de pílula anticoncepcional ou qualquer outro artigo ou instrumento contraceptivo, punindo tanto quem consumisse como quem prescrevesse. Em Roe, a Corte considerou inconstitucional uma lei do Texas que criminalizava o aborto.[109]

Esta, em síntese, a trajetória histórica da cláusula do devido processo legal e do princípio da razoabilidade no direito norte-americano.

2.3 Distinção entre os Princípios da Proporcionalidade e da Razoabilidade

Não há um consenso na doutrina e na jurisprudência se proporcionalidade e razoabilidade são conceitos juridicamente iguais ou distintos.

Grande parte dos autores, dentre os quais Suzana Barros,[110] Luís Roberto Barroso[111] e Paulo Buechele[112], emprega os dois termos como sinônimos.

---

[108] BARROSO, Luis Roberto. Interpretação e aplicação da Constituição: fundamentos de uma dogmática constitucional transformadora. 3. ed. São Paulo: Saraiva, 1999, p. 213.

[109] BARROSO, Luís Roberto. Interpretação e aplicação da Constituição: fundamentos de uma dogmática constitucional transformadora. 3. ed. São Paulo: Saraiva, 1999, p. 214.

[110] Essa autora iguala os dois conceitos, nos seguintes termos: "Os alemães utilizam, indiscriminadamente, o termo proporcionalidade ou proibição de excesso (Übermass) para designar o princípio que os americanos tratam por razoabilidade. (grifos do autor). BARROS, Suzana de Toledo. O princípio da proporcionalidade e o controle de constitucionalidade das leis restritivas de direitos fundamentais. 3. ed. Brasília: Brasília Jurídica, 2003, p. 74.

[111] No mesmo sentido Luís Roberto Barroso afirma: "é digna de menção a ascendente trajetória do princípio da *razoabilidade, que os autores sob influência germânica preferem denominar princípio da proporcionalidade*, na jurisprudência constitucional brasileira." BARROSO, Luís Roberto. Dez anos da Constituição de 1988 (foi bom pra você também?), Revista de Direito Administrativo, Rio de Janeiro, 214:1-25, out. dez 1998, p. 18 (parte do grifo no original).

[112] Da mesma forma, Paulo Buechele: "Nos Estados Unidos, onde é denominado Princípio da Razoabilidade, o Princípio da Proporcionalidade foi fruto da grande liberdade de criação do Direito que o sistema federal-republicano norte-americano concede, até hoje, aos seus

Para Humberto Ávila razoabilidade e proporcionalidade são termos distintos, em que pese ambos possuírem natureza jurídica de postulado normativo aplicativo. A proporcionalidade implica a análise de um bem jurídico protegido por um princípio constitucional e da medida relativamente a um fim. A razoabilidade, por outro lado, consiste na análise da constitucionalidade da aplicação de uma medida, não com base na relação meio-fim, mas com fundamento na situação pessoal do sujeito envolvido. Nesse aspecto, não se analisa apenas o bem jurídico protegido por um princípio constitucional e nem a medida em relação a um fim constitucionalmente previsto, mas a aplicação daquela medida para determinado indivíduo.[113]

O autor ressalta que tanto a jurisprudência quanto a doutrina alemã, após longo período em que uniram indistintamente a proporcionalidade e a razoabilidade, atualmente atribuem significado normativo autônomo para esse segundo princípio.[114]

Helenilson Pontes reconhece que há semelhança entre ambos os princípios, como, por exemplo, no que se refere à identidade de fundamento funcional. Porém, segundo esse autor, a existência de pontos de contato entre esses dois princípios não significa que sejam fungíveis entre si. Elenca quatro diferenças, a saber: (i) a decisão que aplica a proporcionalidade exigiria motivação racional de maior dimensão, em razão da existência de seus três subprincípios; (ii) a razoabilidade prescindiria da correlação meio-fim, enquanto a aplicação da proporcionalidade consubstanciaria notadamente tal juízo relacional, diferindo ambas, pois, pelo conteúdo; (iii) distinguir-se-iam ainda pela natureza, sendo a razoabilidade princípio hermenêutico e a proporcionalidade, princípio jurídico material; e (iv) suas funções eficaciais seriam distintas, posto

---

juízes." BUECHELE, Paulo Armínio Tavares. O princípio da proporcionalidade e a interpretação da constituição. Rio de Janeiro: Renovar, 1999, p. 137.
[113] ÁVILA, Humberto Bergmann. A distinção entre princípios e regras e a redefinição do dever de proporcionalidade. Revista de Direito Administrativo nº 215, Rio de Janeiro, Renovar, 1999, p. 167.
[114] ÁVILA, Humberto Bergmann. A distinção entre princípios e regras e a redefinição do dever de proporcionalidade. Revista de Direito Administrativo nº 215, Rio de Janeiro, Renovar, 1999, p. 174.

que a razoabilidade possui a função de bloqueio, e a proporcionalidade possui também a função de resguardo.[115]

Guerra Filho defende que a proporcionalidade não deve ser confundida com a razoabilidade. Para esse autor, a razoabilidade é um princípio com função negativa, tendo em vista que desobedecê-lo significa ultrapassar irremediavelmente os limites do que as pessoas em geral, de plano, consideram como aceitável, em termos jurídicos. A proporcionalidade, por sua vez, tem uma função positiva a exercer, na medida em que pretende demarcar aqueles limites, indicando como nos mantermos.

Finalmente, Virgílio Silva também diferencia esses princípios em sua forma de aplicação:

> A regra da proporcionalidade no controle das leis restritivas de direitos fundamentais surgiu por desenvolvimento jurisprudencial do Tribunal Constitucional alemão e não é uma simples pauta que, vagamente, sugere que os atos estatais devem ser razoáveis, nem uma simples análise entre meio-fim.
> Na forma desenvolvida pela jurisprudência constitucional alemã, tem ela uma *estrutura* racionalmente definida, com sub-elementos independentes – a análise da *adequação*, da *necessidade* e da *proporcionalidade em sentido estrito* – que são aplicados em uma ordem pré-definida, e que conferem à regra da proporcionalidade a individualidade que a diferencia, *claramente*, da mera exigência da razoabilidade [...]. A regra da proporcionalidade é, portanto, mais ampla do que a regra da razoabilidade, pois não se esgota no exame da compatibilidade entre meios e fins [...]. (grifos do autor).[116]

Ante os posicionamentos acima descritos, verifica-se que começa a surgir na doutrina nacional o entendimento de que os princípios da razoabilidade e da proporcionalidade possuem características próprias que permitem individualizá-los.

---

[115] PONTES, Helenilson Cunha. O princípio da proporcionalidade e o direito tributário. São Paulo: Ed. Dialética, 2000, p. 85-90.
[116] SILVA, Virgílio Afonso da. O proporcional e o razoável. Revista dos Tribunais, São Paulo, Revista dos Tribunais, ano 91, n. 798, abr. 2002, p. 30-32.

Nessa linha, a Lei n. 9.784, de 29 de janeiro de 1999, que regula o processo administrativo no âmbito da Administração Pública Federal, traz ambos os princípios, conforme se verá no Capítulo 5.[117]

Contudo, a jurisprudência dos tribunais STF e do STJ tem equiparado os dois princípios ora analisados, como se verá no Capítulo 4.

Não há relação de sinonímia entre proporcionalidade e razoabilidade. Trata-se de princípios distintos, não só por suas origens, mas por suas características. Não obstante apresentarem forte semelhança, sobretudo no que se refere à finalidade da sua aplicação, como instrumentos limitadores dos excessos e abusos do Estado e como verdadeiros cânones de interpretação, cada qual possui características próprias.

Com efeito, a proporcionalidade, oriunda do contexto alemão pós--2ª Guerra Mundial, decorrendo da ideia de Estado de Direito e atuando como forma de garantir eficácia aos direitos fundamentais, possui uma feição material e objetiva mais proeminente, com uma estrutura racionalmente definida, com subelementos independentes (adequação, necessidade e proporcionalidade em sentido estrito) quando da análise da relação meio-fim no ato jurídico posto sob exame, com aplicação objetiva no balanceamento de valores e princípios, normalmente à vista de atos de autoridade. A exigência motivacional na proporcionalidade é maior por conta de sua estruturação; a razoabilidade, por sua vez, remonta à Magna Carta de 1215 e é uma das manifestações práticas do devido processo legal em sua feição substantiva e possui uma textura mais subjetiva, operando no nível hermenêutico em si, na verificação da sintonia entre o critério e a medida adotados no ato jurídico examinado, análise simples da relação meio-fim.

Em face de sua amplitude, os dois princípios servem não somente como parâmetros de atuação dos Poderes Legislativo e Executivo, mas também como instrumento de aferição dos atos desses poderes pelo Poder Judiciário na interpretação e aplicação das normas.

---

[117] Art. 2º A Administração Pública obedecerá, dentre outros, aos princípios da legalidade, finalidade, motivação, razoabilidade, proporcionalidade, moralidade, ampla defesa, contraditório, segurança jurídica, interesse público e eficiência. [...] VI – adequação entre meios e fins, vedada a imposição de obrigações, restrições e sanções em medida superior àquelas estritamente necessárias ao atendimento do interesse público.

2.4 A Fundamentação Constitucional do Princípio da Proporcionalidade

No tocante à dimensão normativa, não há um consenso na doutrina acerca do fundamento constitucional do princípio da proporcionalidade. Robert Alexy sustenta que a base desse princípio reside nos direitos fundamentais[118]. Luis Roberto Barroso, Gilmar Mendes e Suzana Barros[119] defendem que o fundamento da proporcionalidade é o princípio do Estado de Direito.

Outros autores ainda afirmam cuidar-se de um postulado jurídico com raiz no direito suprapositivo.[120]

Segundo Paulo Bonavides, o princípio da proporcionalidade é direito positivo em nosso ordenamento constitucional. Embora não haja ainda sido formulada como "norma jurídica global", sua existência flui do § 2º do artigo 5º da Constituição Federal, em razão de decorrer dos direitos e garantias cujo fundamento decorre da natureza do regime, da essência do Estado de Direito e dos princípios que este consagra e que fazem inviolável a unidade da Constituição.[121]

---

[118] ALEXY, Robert. Teoria dos direitos fundamentais. Tradução de Virgílio Afonso da Silva. 2. ed., 5ª tir. São Paulo: Malheiros Editores, 2017, p. 118.

[119] BARROS, Suzana de Toledo. O princípio da proporcionalidade e o controle de constitucionalidade das leis restritivas de direitos fundamentais. 3. ed. Brasília: Brasília Jurídica, 2003, p. 94-100.

[120] Esse é o posicionamento de Bernhard Schlink, reproduzido por Gilmar Mendes e Paulo Gonet: "Anota Schlink que tal definição não é neutra ou indiferente do ponto de vista dos resultados. Se se cuida de enfatizar o fundamento nos direitos fundamentais, terá esse princípio aplicação na relação entre cidadão e Estado, aqui contemplados os conflitos entre os entes privados que ao Estado incumbe solver. Se, ao revés, o princípio em apreço assenta-se na ideia do Estado de Direito, tem-se a sua projeção não só para a relação entre o cidadão e o Estado, mas também para as relações entre os poderes. Observa Schlink, porém, que dificilmente se pode extrair do princípio do Estado de Direito justificativa para a aplicação do princípio da proporcionalidade às relações entre União e Estados ou entre estes e os municípios. Referida questão insere-se no âmbito do princípio federativo. Aqui, ter-se-ia a aplicação do princípio da proporcionalidade não com fundamento nos direitos fundamentais ou no Estado de Direito, mas como postulado geral de Direito". MENDES, Gilmar Ferreira; BRANCO, Paulo Gustavo Gounet. Curso de direito constitucional. 6. ed. rev. e atual. São Paulo: Saraiva, 2011, p. 248.

[121] BONAVIDES, Paulo. Curso de Direito Constitucional. 33. ed. São Paulo: Malheiros, 2018, p. 446.

Segundo Humberto Ávila, o fundamento de validade do dever de proporcionalidade não resulta de um texto específico, mas da estrutura mesma dos princípios.[122]

De uma maneira geral a doutrina tende a localizar na cláusula do devido processo legal uma origem comum para ambos os princípios, especialmente a partir das Emendas V e XIV da Constituição norte-americana, e da evolução do alcance meramente procedimental daquela cláusula para uma compreensão substantiva do instituto, indo além da mera definição de normas processuais, buscando a garantia dos valores fundamentais do cidadão.

Para Willis Santiago não se mostra necessário procurar derivar o princípio da proporcionalidade de um outro qualquer princípio ou de algum dos direitos e garantias fundamentais, para lhe atribuir caráter constitucional. Afirma esse autor que:

> [...] a opção do legislador constituinte brasileiro por um Estado Democrático de Direito, com objetivos que na prática se conflitam, bem como pela consagração de um elenco extensíssimo de direitos fundamentais, co-implica na adoção de um princípio regulador dos conflitos na aplicação dos demais e, ao mesmo tempo, voltado para a proteção daqueles direitos.[123]

Raquel Stumm entende que o princípio da proporcionalidade pode, em um dado sistema jurídico, derivar da concretização do princípio do Estado de Direito, ou dos direitos fundamentais ou, ainda do princípio do devido processo legal. Na ordem jurídica brasileira, segundo essa autora, o princípio da proporcionalidade fundamenta-se no princípio do devido processo legal, o qual tem a sua razão de existência no Estado de Direito.[124]

Na jurisprudência, o STF possui vários precedentes que relacionam o princípio da proporcionalidade com a cláusula do devido processo legal substantivo, como forma de alçá-lo à condição de princípio consti-

---

[122] ÁVILA, Humberto Bergmann. A distinção entre princípios e regras e a redefinição do dever de proporcionalidade. Revista de Direito Administrativo nº 215, Rio de Janeiro, Renovar, 1999, p. 171.

[123] GUERRA FILHO, Processo Constitucional e Direitos Fundamentais. 2. ed. rev. e ampl. São Paulo: Celso Bastos Editor: Instituto Brasileiro de Direito Constitucional, 2001, p. 84.

[124] STUMM, Raquel Denize. Princípio da proporcionalidade no Direito Constitucional Brasileiro. Porto Alegre: Livraria do Advogado, 1995, p. 97 e 173.

tucional, dada a inexistência de previsão expressa do referido princípio na Constituição Federal de 1988.[125]

No Brasil, a cláusula do devido processo legal – expressa no art. 5º, LIV, da Constituição, segundo o qual "ninguém será privado de sua liberdade ou de seus bens sem o devido processo legal" – deve ser entendida, na abrangência de sua noção conceitual, não só sob o aspecto meramente formal, que impõe restrições de caráter ritual à atuação do Poder Público, mas, sobretudo, em sua dimensão material, que atua como decisivo obstáculo à edição de atos legislativos de conteúdo arbitrário, com vistas a proteger os direitos e as liberdades das pessoas contra qualquer modalidade de legislação que se revele opressiva ou destituída do necessário coeficiente de razoabilidade.[126]

Assim, impende concluir que os princípios da proporcionalidade e da razoabilidade extraem a sua justificação dogmática de diversas cláusulas constitucionais[127], notadamente daquela que veicula a garantia do devido processo legal em sua feição substantiva.

2.5 Natureza Jurídica da Proporcionalidade e da Razoabilidade: Regra, Princípio ou Postulado?

Vimos que a doutrina reconhece os princípios da proporcionalidade e da razoabilidade enquanto normas jurídicas, de apoio e proteção dos direitos fundamentais, de limitação à atividade estatal e de caracterização de um novo Estado Democrático de Direito, mas não é uníssona quanto a se tratarem de regra jurídica, princípio ou postulado normativo aplicativo.

---

[125] Nesse sentido foi a decisão do STF proferida na ADI n. 1.158-AM. Neste julgamento afirmou o Ministro Celso de Mello: "Todos sabemos que a cláusula do devido processo legal – objeto de expressa proclamação pelo art. 5º, LIV da Constituição – deve ser entendida, *na abrangência de sua noção conceitual*, não só sob o aspecto meramente formal, que impõe restrições de caráter ritual à atuação do Poder Público, mas, sobretudo, em sua *dimensão material*, que atua como decisivo obstáculo à edição de atos legislativos de conteúdo arbitrário ou *irrazoável.*" (grifos do original).

[126] Cf decisão proferida na ADI 1063 MC, Relator(a): Min. Celso de Mello, Tribunal Pleno, julgado em 18/05/1994, DJ 27-04-2001.

[127] O direito constitucional brasileiro acolhe regras de aplicação específicas desses princípios, tal como ocorre nos diversos ramos do direito. No campo do Direito Constitucional Tributário, pode-se identificá-lo no princípio que veda a cobrança de tributo com efeito de confisco (art. 150, IV, da CF/88).

A proporcionalidade é majoritariamente definida como princípio pela doutrina. Neste sentido se manifestam Suzana de Toledo Barros e J. J. Canotilho.

Robert Alexy critica a terminologia "princípio da proporcionalidade", chamando atenção para o fato de que esse instituto não é um princípio propriamente dito, mas uma máxima (ou regra), constituída pela combinação de três regras menores. Esse autor critica a tendência a chamar de princípios todas as regras que tenham um alto grau de generalidade. Segundo afirma, como os aspectos do princípio da proporcionalidade não se concretizam mediante uma relação de sopesamento, no qual o peso normativo de um comando deve ser balanceado diante de outro, tais aspectos não configuram princípios jurídicos, mas regras jurídicas. Logo, os aspectos do princípio da proporcionalidade são meramente atendidos ou não (segundo a lógica do *allornothing*).[128]

Virgílio Silva entende que a proporcionalidade tem estrutura de uma regra porque impõe um dever definitivo e a sua aplicação não está sujeita a condicionantes fáticas e jurídicas do caso concreto, mas sim é feita no todo.[129]

Para Humberto Ávila a proporcionalidade é um postulado normativo aplicativo. Acerca de sua aplicabilidade, esclarece ser necessária a análise de uma relação entre meio e fim:

> O exame de proporcionalidade aplica-se sempre que houver uma medida concreta destinada a realizar uma finalidade. Nesse caso devem ser analisadas as possibilidades de a medida levar à realização da finalidade (exame da adequação), de a medida ser a menos restritiva aos direitos envolvidos dentre aquelas que poderiam ter sido utilizadas para atingir a finalidade (exame da necessidade) e de a finalidade pública ser tão valorosa que justifique tamanha restrição (exame da proporcionalidade em sentido estrito).[130]

---

[128] Apud COSTA, Alexandre Araújo. O controle de razoabilidade no direito comparado. Brasília: Thesaurus, 2008, p. 152-153.
[129] SILVA, Virgílio Afonso. Direitos Fundamentais: conteúdo essencial, restrições e eficácia. 2. ed. 2. tiragem. São Paulo: Malheiros Editores, 2011, p. 168.
[130] ÁVILA, Humberto Bergmann. Teoria dos princípios: da definição à aplicação dos princípios jurídicos. 18. ed., rev. e atual. São Paulo: Malheiros, 2018, p. 207.

Para o autor a proporcionalidade não é um princípio, pois sua concretização não é possível de maneira gradual. Sua estrutura trifásica somente permite uma única possibilidade de aplicação. Além disso, sua aplicação independe das possibilidades fáticas e normativas, já que seu conteúdo normativo é neutro quanto ao contexto fático. Embora seja uma medida de ponderação, como não entra em choque com outros princípios, a ela não cabe a ponderação.

Segundo o autor, também não se trata de uma regra jurídica, pois o dever de proporcionalidade não estabelece tal e qual conteúdo relativamente à conduta humana ou à aplicação de outras normas. É por meio de condições que estabelece o que é devido, permitido ou proibido diante de determinado ordenamento jurídico.

É, portanto, um postulado normativo aplicativo, pois impõe uma condição formal ou estrutural de aplicação de outras normas. É uma condição normativa instituída pelo próprio direito para sua devida aplicação.

O dever de agir proporcionalmente depende da determinação do meio e do fim, sobre os quais dizem outras normas jurídicas (princípios e regras), e não o dever de proporcionalidade, algo diverso de uma norma de conduta ou mesmo de estrutura.[131]

Para Ávila o postulado de proporcionalidade implica a conjuntura de causalidade entre "o efeito de uma ação (meio) e a promoção de um estado de coisas (fim). Adotando-se o meio, promove-se o fim: o meio leva ao fim". Esse postulado normativo aplicativo é fundamentado no "caráter principal das normas e da função distributiva do Direito, cuja aplicação, porém, depende do imbricamento entre bens jurídicos

---

[131] Ávila divide os postulados em: postulados inespecíficos (ponderação de bens, concordância prática e proibição de excesso) e postulados específicos (igualdade, razoabilidade e proporcionalidade). Os postulados inespecíficos ou incondicionais são postulados normativos eminentemente formais, pois são baseados em ideias gerais, sem critérios orientadores de aplicação. Já os postulados específicos ou condicionais, são postulados normativos formais, porquanto são relacionados a elementos com espécies determinadas, isto é, exigem a ligação entre elementos peculiares, com critérios que obrigatoriamente conduzam a relação entre eles. Assim, a proporcionalidade é entendida por Ávila como postulado específico, pois "somente é aplicável nos casos em que exista uma relação de causalidade entre um meio e um fim. Sua aplicabilidade está condicionada à existência de elementos específicos (meio e fim)". ÁVILA, Humberto Bergmann. Teoria dos princípios: da definição à aplicação dos princípios jurídicos. 18. ed., rev. e atual. São Paulo: Malheiros, 2018, p. 185-220.

e da existência de uma relação meio/fim intersubjetivamente controlável". Por conseguinte, se não houver uma relação meio/fim estruturada, "cai o exame de proporcionalidade pela falta de pontos de referência, no vazio".[132]

Sendo assim, conforme seu entendimento, na análise da adequação – devem ser apreciadas as probabilidades de a medida induzir à efetivação do fim; já no exame da necessidade – de a medida ser a menos gravosa aos direitos fundamentais envolvidos para alcançar a finalidade e, na verificação da proporcionalidade em sentido estrito – de a importância da finalidade pública justificar a restrição. Para esse autor, é essencial a compreensão do significado de fim para a aplicação do postulado da proporcionalidade. O autor afirma que fim é "um resultado que possa ser concebido mesmo na ausência de normas jurídicas e de conceitos jurídicos", e complementa que "os princípios estabelecem, justamente, o dever de promover fins".

Portanto, Humberto Ávila conclui que o postulado da proporcionalidade é utilizado em casos que tenham vinculação de causalidade entre um meio e um fim; sendo que "a exigência de realização de vários fins, todos constitucionalmente legitimados, implica a adoção de medidas adequadas, necessárias e proporcionais em sentido estrito".

Além disso, esse autor destaca que o postulado da proporcionalidade não precisa apenas ser distinguido frente aos princípios e às regras. É preciso atribuir-lhe um significado normativo autônomo. O dever de proporcionalidade pode ser definido de tal sorte que a sua interpretação mantenha referência ao ordenamento jurídico brasileiro e que a sua aplicação apresente critérios racionais e intersubjetivamente controláveis.

Como visto, a aplicação da proporcionalidade exige a relação de causalidade entre meio e fim, de tal sorte que, adotando-se o meio contribui-se para a promoção do fim. Já a razoabilidade não faz referência a uma relação de causalidade entre meio e fim, mas impõe os deveres de equidade, congruência e equivalência entre a imposição estabelecida e as consequências dela advindas.[133]

---

[132] ÁVILA, Humberto Bergmann. Teoria dos princípios: da definição à aplicação dos princípios jurídicos. 18. ed., rev. e atual. São Paulo: Malheiros, 2018, p. 207.
[133] ÁVILA, Humberto Bergmann. Teoria dos princípios: da definição à aplicação dos princípios jurídicos. 18. ed., rev. e atual. São Paulo: Malheiros, 2018, p. 199-200.

O postulado da razoabilidade atua, portanto, sendo condutor dos seguintes valores: equidade, congruência e equivalência. A razoabilidade-equidade é utilizada como diretriz que exige a relação das normas gerais com as individualidades do caso concreto, seja mostrando sob qual perspectiva a norma deve ser aplicada, seja indicando em quais hipóteses o caso individual, em virtude de suas especificidades, deixa de se enquadrar na norma geral. A razoabilidade-congruência exige a harmonização das normas com suas condições externas de aplicação, reclamando uma relação congruente entre a medida adotada e o fim que ela pretende atingir. A razoabilidade-equivalência é utilizada como critério que exige a relação de equivalência entre duas grandezas (como ocorre no caso da exigência de correspondência entre a taxa e o serviço público prestado ou entre a pena e a culpa).[134]

Faz-se mister adotar a qualificação da proporcionalidade e razoabilidade como princípios, pois tratam-se de normas fundamentais do sistema, vinculadas que estão à guarda e garantia dos direitos fundamentais frente aos poderes do Estado, embora não se concretizem mediante uma relação de sopesamento.

Antes de empreender o estudo do tópico seguinte, cumpre ressaltar que muitos autores tratam a proporcionalidade como sinônimo de proibição de excesso.[135] Contudo, Virgílio Silva[136] e Humberto Ávila sustentam a separação dos dois institutos, visto que possuem contornos conceituais e âmbitos de aplicação diversos. Justifica Humberto Ávila que a "proibição do excesso está presente em qualquer contexto em que um direito fundamental esteja sendo restringido", devendo, portanto, ser investigado em separado da proporcionalidade, porquanto sua "aplicação não pressupõe a existência de uma relação de causalidade entre

---

[134] ÁVILA, Humberto Bergmann. Teoria dos princípios: da definição à aplicação dos princípios jurídicos. 18. ed., rev. e atual. São Paulo: Malheiros, 2018, p. 194-205.

[135] Exemplos de uso de ambos os conceitos podem ser encontrados em: BARROS, Suzana de Toledo. O princípio da proporcionalidade e o controle de constitucionalidade das leis restritivas de direitos fundamentais. 3. ed. Brasília: Brasília Jurídica, 2003. p. 74; GUERRA FILHO, Willis Santiago. Teoria processual da constituição. São Paulo: Celso Bastos Editor, 2000, p. 81-82.

[136] SILVA, Virgílio Afonso da. O proporcional e o razoável. Revista dos Tribunais, São Paulo, Revista dos Tribunais, ano 91, n. 798, abr. 2002, p. 27.

um meio e um fim", mas sim "depende, unicamente, de estar um direito fundamental sendo excessivamente restringido".[137]

2.6 A Proporcionalidade e a Razoabilidade são Princípios de Interpretação?

Os princípios da proporcionalidade e da razoabilidade têm função retórica-argumentativa ou são normas de conduta? Paulo Bonavides ressalta a função de interpretação do princípio da proporcionalidade:

> Uma das aplicações mais proveitosas contidas potencialmente no princípio da proporcionalidade é aquela que o faz instrumento de interpretação toda vez que ocorre antagonismo entre direitos fundamentais e se busca desde aí solução conciliatória, para a qual o princípio é indubitavelmente apropriado. As Cortes constitucionais europeias, nomeadamente o Tribunal de Justiça da Comunidade Europeia, já fizeram uso freqüente do princípio para diminuir ou eliminar a colisão de tais direitos.[138]

Para Celso Bastos, o princípio da proporcionalidade pode ser compreendido como um guia à atividade interpretativa, que apresenta grande liberdade de atuação, tendo em vista os fins a serem atingidos e a exigibilidade da escolha destes.[139]

Gustavo Santos qualifica o princípio da proporcionalidade como um princípio procedimental, sem deixar de reconhecer certos elementos materiais que acompanham sua aplicação, no caso, os direitos fundamentais protegidos ou sopesados. Nesse ponto de vista, o princípio da proporcionalidade ocuparia o papel de verdadeiro princípio de interpretação, servindo como instrumento de proteção aos direitos fundamentais.[140]

Segundo esse autor, o aspecto material que a decisão do caso concreto apresenta não colhe seus elementos do princípio da proporcionali-

---

[137] ÁVILA, Humbert Bergmann. Teoria dos princípios: da definição à aplicação dos princípios jurídicos. 18. ed., rev. e atual. São Paulo: Malheiros, 2018, p. 188.
[138] BONAVIDES, Paulo. Curso de Direito Constitucional. 33. ed. São Paulo: Malheiros, 2018, p. 435.
[139] BASTOS, Celso Ribeiro. Hermenêutica e interpretação constitucional. São Paulo: Celso Bastos Editor; Instituto Brasileiro de Direito Constitucional, 1997, p. 175.
[140] SANTOS, Gustavo Ferreira. O princípio da proporcionalidade na jurisprudência do Supremo Tribunal Federal: limites e possibilidades. Rio de Janeiro: Editora Lumen Juris, 2004, p. 143.

dade, que serviu como um procedimento para a tomada de decisão, mas busca um conteúdo material nos próprios direitos envolvidos no conflito solucionado, em suas definições e em seus conteúdos essenciais. Assim, não é a norma inconstitucional por ferir o princípio da proporcionalidade, mas sim por vulnerar determinado direito fundamental ou bem constitucionalmente protegido, tendo o intérprete/aplicador aferido a agressão ao direito por ter utilizado, na sua atividade, o auxílio do princípio da proporcionalidade.[141]

Indubitavelmente, tais cânones qualificam-se como princípios de interpretação e aplicação do Direito, pois atuam na solução de conflitos entre princípios. A proporcionalidade possui também uma característica material ao integrar a própria norma, ditando uma regra de conduta ao administrador público.

2.7 Críticas aos Princípios da Proporcionalidade e da Razoabilidade

A incursão dos princípios da proporcionalidade e da razoabilidade no Direito Constitucional não está isenta de críticas no que diz respeito ao seu sentido e alcance. Discute-se sua interferência no princípio da separação dos poderes e atribuem-lhe uma carga excessivamente subjetiva.

Questiona-se se eles serviriam de álibi ao Poder Judiciário para discutir as decisões tomadas pelos outros poderes (Executivo e Legislativo), podendo invalidá-las sob a alegação de não serem proporcionais, afetando, assim, a autonomia existente entre os Poderes da União.

Talvez o primeiro jurista a se levantar contra a adoção da proporcionalidade como princípio constitucional tenha sido o alemão Forsthoff, para quem tal postura significava "um considerável estreitamento da liberdade do legislador para formular leis e exercer assim um poder que lhe é peculiar na organização do Estado".[142]

O princípio da proporcionalidade dá ao intérprete/aplicador um instrumento objetivo de solução de colisão de direitos, bens e interesses constitucionalmente protegidos. Sua estruturação, com a identificação

---

[141] SANTOS, Gustavo Ferreira. O princípio da proporcionalidade na jurisprudência do Supremo Tribunal Federal: limites e possibilidades. Rio de Janeiro: Editora Lumen Juris, 2004, p. 144.
[142] BONAVIDES, Paulo. Curso de direito constitucional. 15. ed. São Paulo: Malheiros Editores, 2017, p. 435.

dos três subprincípios parciais, decorre da necessidade de fugir da indeterminação e do subjetivismo apontados pela crítica. Esses elementos permitem a demonstração do caminho trilhado ao ser editada a decisão, possibilitando àqueles que são atingidos pelo resultado da aplicação da norma o conhecimento mais profundo dos fundamentos da solução adotada.[143]

O princípio da proporcionalidade constitui fundamental instrumento de afirmação dos princípios decorrentes do Estado de Direito, pois, a um só tempo, limita o arbítrio do Poder que edita o ato estatal objeto de apreciação judicial e do próprio Poder Judiciário ao assim proceder, porquanto exige deste uma rigorosa fundamentação das razões que conduzem a sua decisão. Os elementos ou subprincípios da proporcionalidade representam importante instrumento de combate ao arbítrio e ao subjetivismo judicial; contribuem para a racionalização da decisão judicial e reforçam o equilíbrio entre os poderes.[144]

Com efeito, a utilização dos três elementos da proporcionalidade tende a trazer segurança e objetividade à decisão. Quanto mais racional e coerente for a decisão do juiz e do intérprete, menores os atritos entre o Poder Judiciário e os Poderes Legislativo e Executivo.

---

[143] SANTOS, Gustavo Ferreira. O princípio da proporcionalidade na jurisprudência do Supremo Tribunal Federal: limites e possibilidades. Rio de Janeiro: Editora Lumen Juris, 2004, p. 150.
[144] PONTES, Helenilson Cunha. O princípio da proporcionalidade e o direito tributário. São Paulo: Ed. Dialética, 2000, p. 63.

Capítulo 3
Os Princípios da Proporcionalidade e da Razoabilidade e as Sanções Tributárias

Antes de se passar à apreciação analítica de algumas decisões do STF e do STJ, que usaram os princípios da proporcionalidade e da razoabilidade como instrumento de aferição da constitucionalidade/inconstitucionalidade de atos normativos em matéria tributária sancionatória (Cap. 4), bem como de decisões do CARF que utilizaram esses princípios (ou não) para afastar penalidades (Cap. 5), é mister conceituar sanções tributárias, identificar sua natureza jurídica e as modalidades que estas assumem no ramo do direito tributário.

Inicialmente cumpre ressaltar que o Código Tributário Nacional (CTN) não define infrações nem comina penalidades, apenas estabelece normas gerais a respeito do tema, dispondo por exemplo sobre regras atinentes à responsabilidade por infrações tributárias, retroatividade benigna, anistia, exclusão de penalidades e restituições de penalidades pecuniárias indevidas.

No âmbito federal, a norma principal relativa a infrações e penalidades decorrentes do descumprimento da obrigação tributária principal é a Lei n. 9.430, de 27 de dezembro de 1996; já as normas referentes ao descumprimento de obrigações acessórias constam da legislação específica de cada tributo.

Situando a infração tributária dentro da estrutura normativa completa, temos que essa infração é uma violação à norma primária (impositiva) que está prevista no antecedente da norma secundária (sancionadora) e contém em seu consequente a previsão de uma sanção tributária.

3.1 Conceito e Natureza Jurídica das Sanções Tributárias

O direito prescreve condutas e consequentemente as sanções que serão aplicadas em caso de seu descumprimento. Assim é o direito tributário.

As obrigações tributárias, sejam elas principais ou acessórias, supõem a possibilidade de descumprimento. O sujeito passivo, por razões que variam do desconhecimento à vontade consciente de adotar uma conduta contrária ao comando legal, pode proceder de modo diferente do exigido pela ordem jurídica. Essa conduta do sujeito passivo, contrária ao direito, caracteriza-se como infração.[145]

Especialmente no âmbito do Direito Tributário, cujas normas jurídicas prescrevem deveres que visam, em última análise, à constrição do patrimônio dos contribuintes em favor dos cofres públicos, a função sancionatória torna-se indispensável.[146]

Sem perder de vista a unidade do sistema do direito positivo, numa acepção ampla temos que a infração tributária é uma transgressão à norma jurídica tributária. Numa acepção mais restrita pode-se definir a infração tributária como a ação ou omissão que configure uma violação aos deveres jurídicos prescritos nas leis tributárias, relativos ao cumprimento de obrigação tributária principal (não recolhimento do tributo) ou acessória (não prestação de deveres instrumentais).[147]

O descumprimento da prestação tributária, tanto no caso de obrigação principal quanto no da acessória implica ilicitude.

Pode-se definir sanção tributária, como a consequência jurídica pelo descumprimento de uma obrigação tributária, principal ou acessória.

---

[145] Luciano Amaro, *apud* SILVA, Ana Paula Cadin da. Aplicação dos princípios da razoabilidade e da proporcionalidade na jurisprudência tributária brasileira. Dissertação em Direito Político e Econômico, 2010, São Paulo: Universidade Presbiteriana Mackenzie, 2010, p. 59.

[146] PADILHA, Maria Ângela Lopes Paulino. As sanções no direito tributário. São Paulo: Noeses, 2015, p. XXVIII.

[147] Segundo Liziane Meira, são "deveres instrumentais tributários" os deveres jurídicos não pecuniários, decorrentes de atos lícitos, atribuídos ao contribuinte, ao responsável, ao titular de isenção ou a qualquer outra pessoa relacionada a situações relevantes para a correta aplicação das normas de comportamento tributárias. MEIRA, Liziane Angelotti. Tributos sobre o comércio exterior. São Paulo: Saraiva, 2012, p. 162.

A gradação das penalidades, em especial as pecuniárias, deve ser razoável e proporcional à infração.

Conforme lição de Helenilson Pontes, constitui o princípio da proporcionalidade fundamental instrumento de controle das sanções tributárias:

> A imposição de penalidades tributárias, seja na definição abstrata dos textos normativos, seja na formulação in concreto da norma jurídica sancionatória, encontra substancial limite no princípio da proporcionalidade.[148]

O princípio da proporcionalidade é norma cogente não apenas para o legislador, no desempenho da tarefa institucional de prever abstratamente as sanções tributárias, mas também para a autoridade administrativa encarregada de aplicá-las, exigindo-se desta a maior prudência para, considerando as condições individuais do infrator, definir concretamente a sanção a ser imposta.[149]

Um contribuinte que cometeu determinada infração com dolo, fraude ou simulação, com vistas a inadimplir com suas obrigações tributárias, deve se sujeitar a uma penalidade mais severa do que aquele que age com boa-fé, sem intenção de ludibriar o Fisco.

Leandro Paulsen assevera serem inadmissíveis "multas excessivamente onerosas, insuportáveis, irrazoáveis". Quando configurado descompasso entre o grau da infração e a punição cominada, não é possível, com fundamento no princípio da proporcionalidade, reconhecer validade a uma multa, ainda que ausente referência expressa às multas no art. 150, IV, da Constituição Federal.[150]

3.2 Distinção entre Infrações Tributárias e Delito Penal

A norma tributária que estabelece o ilícito tributário possui em seu antecedente a previsão da realização de uma conduta ilícita, que não

---

[148] PONTES, Helenilson Cunha. O princípio da proporcionalidade e o direito tributário. São Paulo: Ed. Dialética, 2000, p. 129.

[149] PONTES, Helenilson Cunha. O princípio da proporcionalidade e o direito tributário. São Paulo: Ed. Dialética, 2000, p. 137-138.

[150] PAULSEN, Leandro. Direito tributário, constituição e código tributário à luz da doutrina e da jurisprudência. 17. ed. Porto Alegre: Livraria do Advogado, 2015, p. 205.

seja criminosa. Por sua vez, a norma penal que estabelece o ilícito penal prevê em seu antecedente a realização de um crime ou de uma contravenção.[151]

Adota-se o entendimento de Maria Ângela Padilha, no sentido de que a natureza da norma jurídica, identificada pelo bem jurídico por ela tutelada, tipificando o ilícito e cominando a respectiva sanção, compreende o critério mais seguro no intento de definir a natureza dos institutos jurídicos.[152]

Assim, tem-se que o ilícito tributário é instituído por lei de natureza tributária, reguladora da instituição, arrecadação e fiscalização de tributos, ao passo que o delito fiscal é instituído por lei de natureza penal, ou seja, nas hipóteses em que a infração for tipificada como crime ou contravenção.

Este estudo será direcionado apenas às sanções tributárias.

3.3 Classificação das Sanções Tributárias

A prática de infração implica na imposição da respectiva sanção, que, em atendimento ao princípio da legalidade, deve estar prevista em lei.[153] Em matéria tributária, o descumprimento da obrigação principal ou acessória pode ocasionar a imputação das mais diversificadas sanções ao infrator.

Para efeito deste estudo, adotar-se-á a classificação das sanções tributárias em duas categorias: sanções tributárias pecuniárias (multas) e sanções tributárias não pecuniárias (sanções restritivas de direito ou interventivas).[154]

---

[151] Os crimes contra a ordem tributária estão previstos na Lei n. 8.137/90. Menciona-se ainda o crime previsto no art. 168-A do Código Penal.
[152] PADILHA, Maria Ângela Lopes Paulino Padilha. As sanções no direito tributário. São Paulo: Noeses, 2015, p. 62.
[153] Cf inciso V do art. 97 do CTN, que dispõe que somente a lei pode estabelecer penalidades para as ações ou omissões contrárias a seus dispositivos.
[154] De forma semelhante é a classificação adotada por Maria Ângela Padilha. PADILHA, Maria Ângela Lopes Paulino. As sanções no direito tributário. São Paulo: Noeses, 2015, p. 163, e SILVA, Paulo Roberto Coimbra. Direito tributário sancionador. São Paulo: Quartier Latin, 2007, p. 112.

3.3.1 Sanções Tributárias Pecuniárias

As sanções tributárias pecuniárias, como o próprio nome indica, são penalidades patrimoniais, satisfeitas em dinheiro, ou seja, as multas exigidas em virtude de descumprimento de obrigações principais ou acessórias previstas no CTN.

Sacha Calmon Navarro Coelho conceitua multa como a prestação pecuniária compulsória instituída em lei ou contrato em favor de particular ou do Estado, tendo por causa a prática de um ilícito (descumprimento de dever legal ou contratual).[155]

Não se pode outorgar às multas tributárias uma função arrecadatória ou reparatória. Para esse fim temos os tributos e as indenizações, respectivamente.

3.3.1.1 Multa de Mora

A multa de mora – cujo pressuposto é o pagamento espontâneo de tributo fora do prazo legal[156], possui natureza punitiva, conforme reconhecido pelos tribunais superiores.

Segundo Zelmo Denari, o STF passou a sustentar a inexistência de critério distintivo entre multa de ofício e multa de mora, a partir da decisão prolatada no Recurso Extraordinário 79.625.[157] Nesse julgado, o voto do Ministro Moreira Alves está assentado nos seguintes termos:

> É preciso, preliminarmente, fazer esta distinção: de um lado, o que realmente é pena; de outro, o que realmente é indenização. Os juros moratórios, por exemplo, como indenização que são, se admitem, uma vez que, aí, não há o caráter, nem sequer remoto, de punição, mas, sim, de indenização pelo tempo da demora em que se houve o devedor relapso. No entanto, fora daí, toda vez que, pelo simples inadimplemento, e não mais com caráter de indenização, se cobrar alguma coisa do credor, este algo a mais que se cobra dele, e que não se capitula estritamente como indenização, isso será uma pena. (...) Assim sendo, e tendo em vista as

---

[155] COELHO, Sacha Calmon Navarro. Teoria e prática das multas tributárias. 2. ed. Rio de Janeiro: Forense, 1992, p. 41.
[156] Ressalte-se que a multa de mora não se aplica ao descumprimento de obrigações acessórias (deveres instrumentais), mesmo que por vezes tenha esse *nomen juris*.
[157] DENARI, Zelmo. Infrações tributárias e delitos fiscais. 3. ed. rev. São Paulo: Saraiva, 1998, p. 23.

circunstâncias de que essas multas ditas moratórias ou simplesmente moratórias, em sua natureza não o são, tanto que se impõem, às vezes, por arbítrio da autoridade fiscal, outras vezes, por percentuais fixos, que não se alteram sequer com caráter de tributo, essas multas, repito, não se impõem para indenizar a mora do devedor, mas para apená-lo, pelo fato de que ele não tenha pago, seja há 10 dias, seja há 10 anos.[158]

Nesse sentido, manifesta-se também o STJ Justiça:

[...] Relativamente à natureza da multa moratória, esta Corte já se pronunciou no sentido de que o CTN não distingue entre multa punitiva e multa moratória; já que a multa moratória constitui penalidade resultante de infração legal [...].[159]

A doutrina mais moderna não discrepa desse entendimento, conforme lição de Sacha Calmon:

A multa tem como pressuposto a prática de um ilícito (descumprimento do dever legal, estatutário ou contratual). A indenização possui como pressuposto um dano causado ao patrimônio alheio, com ou sem culpa (como nos casos de responsabilidade civil objetiva informada pela teoria do risco). A função da multa é sancionar o descumprimento das obrigações, dos deveres jurídicos. A função da indenização é recompor o patrimônio danificado. Em Direito Tributário é o juro que recompõe o patrimônio estatal lesado pelo tributo não recebido a tempo. A multa é para punir, assim como a correção monetária é para garantir, atualizando-o, o poder de compra da moeda. Multa e indenização não se confundem.[160]

Luis Eduardo Schoueri também reconhece que a multa, seja de mora, seja de ofício, é sempre uma penalidade.[161] A multa de mora prevista na legislação federal não tem sido objeto de questionamento

---

[158] BRASIL. Supremo Tribunal Federal, RE 79.625/SP. Relator: Ministro Cordeiro Guerra. Data do julgamento: 14.08.1975. data da Publicação: 8.07.1976.
[159] BRASIL. AgRg no Ag. 1045157/MG. Relator: Ministro Castro Meira. Segunda Turma. Brasília, 16 de setembro de 2008, DJe 21.10.2008.
[160] COELHO, Sacha Calmon Navarro. Teoria e prática das multas tributárias. 2. ed. Rio de Janeiro: Forense, 1992, p. 71-72.
[161] SCHOUERI. Luis Eduardo. Direito tributário. 7. ed. São Paulo: Saraiva, 2017, p. 863.

recente no Poder Judiciário, tendo em vista que ela é calculada à taxa de trinta e três centésimos por cento, por dia de atraso, limitada a 20%.[162]

Os Tribunais, com base em decisão firmada há tempo pelo STF, definem que a multa de mora de até trinta por cento sobre o valor do tributo não afronta a proporcionalidade.[163]

O Pretório Excelso, atendendo às circunstâncias fáticas e jurídicas do caso concreto, já se manifestou em diversas oportunidades sobre penalidades tributárias moratórias constantes de leis estaduais, ora admitindo a redução da multa, por considerá-la além dos patamares ditos razoáveis, ora negando esta possibilidade por considerar uma invasão de competência, prevalecendo a maioria de seus julgados no sentido de proteger o contribuinte da imposição de uma multa desmedida.

Cumpre ressaltar que não cabe à Suprema Corte brasileira, no controle difuso ou concentrado, ao considerar inconstitucional determinado valor de multa tributária por apresentar montante excessivo, assumir o papel do legislador ordinário e imputar uma multa que, a seu juízo, seja adequada ao caso concreto.[164] Trata-se de ofensa ao princípio da legalidade, visto que somente ao Poder Legislativo é cabível o exercício da atividade legislativa. Cabe ao Poder Judiciário em tal situação pronunciar

---

[162] No âmbito federal, a multa de mora está prevista no art. 61 da Lei n. 9.430/96:
Art. 61. Os débitos para com a União, decorrentes de tributos e contribuições administrados pela Secretaria da Receita Federal, cujos fatos geradores ocorrerem a partir de 1º de janeiro de 1997, não pagos nos prazos previstos na legislação específica, serão acrescidos de multa de mora, calculada à taxa de trinta e três centésimos por cento, por dia de atraso.
§ 1º A multa de que trata este artigo será calculada a partir do primeiro dia subseqüente ao do vencimento do prazo previsto para o pagamento do tributo ou da contribuição até o dia em que ocorrer o seu pagamento.
§ 2º O percentual de multa a ser aplicado fica limitado a vinte por cento. [...]
[163] Maria Ângela Padilha chama atenção para julgados que se fundamentam, equivocadamente, nessa orientação da Corte para multas distintas daquelas denominadas multas de mora. Neste sentido, menciona a decisão proferida pelo TRF 5ª Região. Apelação Cível n. 2005.80000060528, relator Francisco Cavalcanti, julgamento em 19.05.2011. Neste julgado o Tribunal Federal aplica a orientação firmada pela Corte Suprema no tocante ao limite máximo da multa de mora à imposição de multa isolada, cuja situação fática é distinta daquela. Padilha, Maria Ângela Lopes Paulino. As sanções no direito tributário. São Paulo: Noeses, 2015, p. 153.
[164] Tal só seria cabível caso se tratasse de multa graduada pela legislação, hipótese raramente prevista na legislação tributária federal.

a validade ou invalidade do ato sancionatório impugnado.[165] Conforme ficou assente na decisão proferida no RE 209.843/SP, "a razoabilidade não pode ser usada como pretexto para o Poder Judiciário corrigir lei".[166]

Nessa senda também é o entendimento de Helenilson Cunha para quem não cabe ao Poder Judiciário substituir o ato perante ele impugnado por outro que, a seu juízo, melhor atenda ao conjunto de regras e princípios constitucionalmente garantidos. O Poder Judiciário fórmula apenas um juízo de exclusão (ou de manutenção) daquele ato.[167]

3.3.1.2 *Juros de Mora*

Os juros de mora não têm natureza punitiva, mas a função de reparar//indenizar o dano. O próprio CTN distingue os juros de mora das sanções pecuniárias quando prescreve no art. 161 que "o crédito não integralmente pago no vencimento é acrescido de juros de mora, seja qual for o motivo determinante da falta, sem prejuízo das penalidades cabíveis [...]".

Esses juros são devidos em caso de não pagamento no prazo legal, seja voluntariamente (em conjunto com a multa de mora), seja em decorrência de lançamento de ofício (com a multa de ofício).[168]

Sua aplicação no âmbito tributário federal encontra previsão no § 3º do art. 61 da Lei n. 9.430/96.

Em relação aos créditos tributários da União, o art. 62 da Lei n. 9.430/96, determina que deve ser aplicada a Taxa do Sistema Especial de Liquidação e de Custódia (Selic), a qual tem dupla natureza jurídica: correção monetária e, no que ultrapassar este percentual, juro de mora.

---

[165] Cumpre ressalvar as situações nas quais as penalidades por infrações à legislação tributária são graduadas ou em que houve agravamento da multa. Nesses casos, o Poder Judiciário tem legitimidade para decidir dentro dos limites legais traçados ou verificar se ficaram caracterizadas as circunstâncias agravantes.

[166] BRASIL. RE 209.843/SP, Pleno. Relator: Ministro Marco Aurélio. Relator p/ acórdão Ministro Eros Grau. Brasília, 10 de novembro de 2004. DJU 19.12.06.

[167] PONTES, Helenilson Cunha. O princípio da proporcionalidade e o direito tributário. São Paulo: Ed. Dialética, 2000, p. 147.

[168] MEIRA, Liziane Angelotti. Tributos sobre o comércio exterior. São Paulo: Saraiva, 2012, p.176-177.

3.3.1.3 Multa de Ofício

A multa de ofício, ou seja, espécie de sanção constituída pelo Fisco mediante lançamento, representa medida repressiva que visa punir o devedor pelo descumprimento de obrigações principais ou acessórias, podendo ser graduada conforme o montante devido, o valor da operação ou as circunstâncias do caso.

Os percentuais da multa de ofício considerados razoáveis pela jurisprudência variam conforme a sua origem.

No âmbito federal, a multa de ofício pode se revestir de diversas formas: proporcional ao imposto, isolada, qualificada e agravada.

A multa isolada refere-se a sanções pecuniárias cuja exigência é desacompanhada da cobrança do valor devido a título de tributo. Normalmente sua aplicação está relacionada ao descumprimento de obrigações acessórias (deveres instrumentais).

Como exemplo de multa isolada pode-se mencionar as penalidades previstas no artigo 44, inciso II, alínea "a", em razão de não recolhimento mensal obrigatório (carnê-leão), e no artigo 74, § 17, no caso de compensação não homologada, ambos os dispositivos da Lei n. 9.430/96 (o último deles será analisado mais adiante).

A multa agravada é estabelecida em razão da gravidade de condutas tipificadas, ou seja, é aquela relativa a condutas de maior potencial lesivo para os cofres públicos, das quais são exemplos as previstas no artigo 44, § 2º, da Lei n. 9.430/96 e no artigo 558 do Regulamento do Imposto sobre Produtos Industrializados (RIPI), Decreto n. 7.212 de 15 de junho de 2010.

A multa qualificada, por sua vez, é aquela relativa a infrações que trazem consigo o elemento subjetivo, ou seja, o dolo. Dessa forma, enquadram-se no tipo as infrações nas quais estejam presentes a sonegação, a fraude e o conluio, tipificados respectivamente nos artigos 71, 72 e 73 da Lei n. 4.502, de 20 de novembro de 1964, e referenciadas no artigo 44, § 1º, da Lei n. 9.430/96.

Conforme se verá com mais detalhes no Capítulo 4, na ADI-MC 1.075-DF o STF se manifestou acerca da inconstitucionalidade da multa de ofício prevista no artigo 3º, parágrafo único, da Lei n. 8.846, de 21 de janeiro de 1994, que imputava uma multa pecuniária de 300% (trezentos por cento) sobre o valor do bem objeto da operação ou do serviço prestado no caso de venda de mercadoria, prestação de serviços ou operações de alienação de bens móveis, sem a emissão de nota fiscal.

3.3.1.3.1 Multa Isolada Decorrente de Compensação não Homologada

Com o escopo de aproximar a teoria da prática, cumpre analisar uma questão que tem gerado muitos debates na doutrina e ações judiciais. Trata-se da multa isolada prevista no artigo 74, § 17, da Lei n. 9.430/96, em decorrência de compensações não homologadas.

Referido dispositivo foi incluído pela Lei n. 12.249, de 11 de junho de 2010, sendo posteriormente modificado pela Medida Provisória n. 656, de 7 de outubro de 2014, convertida na Lei n. 13.097, de 19 de janeiro de 2015. Em sua redação atual, determina que seja aplicada "multa isolada de 50% (cinquenta por cento) sobre o valor do débito objeto de declaração de compensação não homologada, salvo no caso de falsidade da declaração apresentada pelo sujeito passivo".[169]

Em 30/05/2014, o STF reconheceu a repercussão geral do tema (art. 543-B do Código de Processo Civil de 1973), à unanimidade de votos, nos autos do Recurso Extraordinário 796.939,[170] interposto pela Fazenda Nacional, de relatoria do Ministro Ricardo Lewandowski. Nesse processo o contribuinte alegou violação ao princípio da proporcionalidade.

Sobre a mesma questão foi ajuizada, pela Confederação Nacional da Indústria (CNI), a ADI 4.905[171], de relatoria do Ministro Gilmar Mendes.[172] Nessa ADI a autora sustenta que o dispositivo contém norma punitiva contra o contribuinte que age de boa-fé. Segundo afirma, trata-se de multa pela simples conduta lícita do contribuinte, dentro dos limites

---

[169] A diferença em relação à redação anterior (incluída pela Lei n. 12.249/2010) reside no fato de que a multa antes era calculada sobre o valor do crédito objeto da declaração de compensação não homologada e não sobre o valor do débito, como na redação atual.

[170] Supremo Tribunal Federal, Repercussão Geral no RE 796.939. Relator: Ministro Ricardo Lewandowski. Julgamento em 29.05.2014.

[171] BRASIL. Supremo Tribunal Federal. ADI 4.905 MC/DF. Relator atual: Ministro Gilmar Mendes.

[172] Destaca-se que, tanto no RE 796.939 quanto na ADI 4.905, o tema envolve tanto a multa prevista no § 17 do artigo 74 da Lei n. 9.430/96, quanto no § 15, desse mesmo artigo, que determinava a aplicação de penalidade também no caso de pedido de ressarcimento indeferido ou indevido, o qual foi revogado pela Medida Provisória n. 668, de 30 de janeiro de 2015.

do regular exercício do seu direito, quando a declaração de compensação não for homologada administrativamente. A imposição da multa violaria, assim, o direito fundamental de petição aos poderes públicos (CF, art. 5º, XXXIV, letra *a*); o direito ao contraditório e à ampla defesa (CF, art. 5º, LV); a vedação da utilização de tributos com efeito de confisco (CF, art. 150, IV); e os princípios da razoabilidade e proporcionalidade, "resultando em verdadeira sanção política que o STF há tempos proíbe por inconstitucional".

O STF ainda não se pronunciou sobre o mérito da controvérsia de ambas as ações judiciais, mas ao que parece, essa penalidade é inconstitucional, senão vejamos.

O art. 170 do CTN confere ao sujeito passivo o direito de compensar tributos, atendidas as condições estabelecidas em lei. No âmbito federal, a compensação tributária está prevista no art. 74 da Lei n. 9.430/96, que estabeleceu em seu primeiro parágrafo que esta se dará mediante apresentação de Declaração de Compensação (Dcomp). Trata-se de autocompensação em que o contribuinte procede à compensação independentemente de prévio exame da autoridade administrativa, nos mesmos moldes do lançamento por homologação (art. 150 do CTN).

A compensação declarada à Secretaria da Receita Federal do Brasil (RFB) extingue o crédito tributário sob condição resolutória de sua ulterior homologação (§ 1º). A Fazenda tem o prazo de cinco anos para homologar ou não a compensação. Não homologada a compensação, incide a multa do § 17 em estudo.

A Dcomp reveste-se, em princípio, de licitude, uma vez que está prevista expressamente na legislação de regência, constituindo tal prática por parte do contribuinte, se não verificada e comprovada fraude, ato lícito e exercício regular de um direito.

Como ressaltado por Maria Ângela Padilha, a hipótese criada pela Lei n. 12.249/2010, ensejadora da multa isolada de cinquenta por cento é demasiadamente genérica, abrangendo qualquer motivo de negativa da compensação.[173]

Assim, somente em caso de prática de ato ilícito seria potencialmente compatível esta sanção. Dessa forma, tal como prevista, a norma fere

---

[173] PADILHA, Maria Ângela Lopes Paulino. As sanções no direito tributário. São Paulo: Noeses, 2015, p. 303.

também o princípio da proporcionalidade, pois não se vê proporcionalidade entre o enquadramento da conduta (pleitear a compensação tributária, direito subjetivo do contribuinte), e a multa isolada (devida, ainda que não haja má-fé do contribuinte). Ao contrário, o excesso legislativo se evidencia na medida em que limita, ainda que por via transversa, o direito do contribuinte de buscar a compensação tributária.

Uma vez que a compensação declarada constitui confissão do débito nela declarado, o mais consentâneo com o Direito seria: não homologada aquela, a cobrança do débito com os acréscimos moratórios.

A Procuradoria-Geral da República se manifestou pelo desprovimento do RE 796.939, da mesma forma que na ADI 4.905. Segundo entende, é inconstitucional a multa prevista no art. 74, § 17, da Lei 9.430/1996, quando aplicada em razão da mera não homologação da compensação tributária, ressalvadas sua incidência aos casos de comprovada má-fé do contribuinte.

3.3.2 Sanções Tributárias Não Pecuniárias

As sanções tributárias não pecuniárias são punições, aplicadas aos sujeitos passivos, de diversas espécies, que se diferenciam da exigência de quantia em dinheiro.

São exemplos de sanções não pecuniárias no Direito Tributário: perdimento de bens, sanções políticas, perda de benefícios, além de outras.

Fazendo um corte metodológico, este trabalho restringir-se-á ao estudo da pena de perdimento e das sanções políticas, por se tratarem de sanções que mais geram controvérsias.

3.3.2.1 Pena de Perdimento

A Constituição de 1967 e a Emenda Constitucional 1/69 traziam previsão expressa acerca da pena de perdimento de bens por dano ao erário (arts. 150, § 11, e 153, § 11, respectivamente). Essa disposição não foi repetida na Carta Política de 1988, que menciona apenas a perda de bens como sanção penal (art. 5º, XLV e XLVI, b), o que levou inicialmente à indagação sobre sua permanência no ordenamento jurídico.

A despeito de alguma divergência doutrinária, pacificou-se na jurisprudência do STF o entendimento acerca da constitucionalidade da pena de perdimento de bens.

Rony Ferreira, após reconhecer a constitucionalidade dessa sanção, faz a seguinte ponderação:

> [...] a validade do perdimento é a nossa própria tradição histórica de proteção ao erário, consistindo – em uma análise em tese – em mecanismo que obedece ao princípio da razoabilidade. É preciso referir que a ninguém é dado locupletar-se às custas alheias, ou seja, enriquecer ilicitamente. E, tendo em mente que a aplicação do perdimento de bens tem como pressuposto o dano ao erário, sua não aplicação àqueles que causem esse tipo de dano implica permitir-lhes locupletarem-se às custas do tesouro público, o que, além de contrariar o princípio antes mencionado, viria em evidente prejuízo à sociedade como um todo.[174]

A legislação tributária federal prevê a pena de perdimento de veículos, mercadorias e moeda, nas hipóteses mencionadas nos artigos 688, 689 e 700 do Regulamento Aduaneiro aprovado pelo Decreto n. 6.759, de 5 de fevereiro de 2009.

Essa pena destaca-se como a sanção mais severa, pois autoriza o sequestro antecipado dos bens do infrator que se vê subtraído de seu patrimônio antes mesmo da solução do litígio, dentro do poder de polícia conferido às autoridades aduaneiras.

O perdimento de mercadorias e veículos por dano ao erário tem sua matriz legal nos artigos 23 a 31 do Decreto-Lei n. 1.455, de 7 de abril de 1976, que estabelece, inclusive, rito especial para formalizar a imposição da pena de perdimento.

Dentre as várias infrações elencadas que configuram dano ao erário, destacam-se[175]: (i) perdimento do veículo, quando o veículo conduzir mercadoria sujeita à pena de perdimento, se pertencente ao responsável por infração punível com essa sanção (art. 688, V, do Regulamento Aduaneiro); e (ii) perdimento de mercadoria estrangeira, exposta à venda, depositada ou em circulação comercial no País, se não for feita a prova de sua importação regular (art. 689, X, do Regulamento Aduaneiro).

---

[174] FERREIRA, Rony. Perdimento de bens. In: FREITAS, Vladimir Passos de (coord.). Importação e exportação no direito brasileiro. São Paulo: RT, 2004, p. 173.

[175] Cumpre consignar que não se pretende nesse estudo esgotar as hipóteses de pena de perdimento existentes na legislação, que são inúmeras, mas apenas mencionar aquelas que mais têm demandado a aplicação, pela jurisprudência, dos princípios da razoabilidade e da proporcionalidade.

O art. 19 da Lei n. 9.779, de 19 de janeiro de 1999, prevê a possibilidade da conversão da pena de perdimento, antes de ocorrida a destinação da mercadoria que for considerada abandonada pelo decurso do prazo de permanência em recintos alfandegados, em multa decorrente do valor aduaneiro do bem.

Não obstante o CTN adote como regra a responsabilidade objetiva, no que se refere à sanção de perdimento de bens, tem o Superior Tribunal de Justiça (STJ) decidido no sentido de que o juízo de proporcionalidade, com o exame do dano efetivo ao erário e da culpabilidade na conduta, se faz imprescindível para autorizar a sua aplicação.

A proporcionalidade "não constitui um princípio matemático, na medida em que as peculiaridades de cada situação, vale dizer, as circunstâncias fáticas que permeiam a prática da infração influem na aplicação das respectivas penalidades, inexistindo uma fórmula infalível ou um critério único que cumprirá o papel de dosador da imposição sancionatória, dada a complexidade da região material das condutas.[176]

O princípio da proporcionalidade exige que a constitucionalidade da sanção seja verificada também sob o ponto de vista do indivíduo infrator, isto é, impõe ao intérprete-aplicador do Direito o dever de considerar o alcance que a sanção tributária concretamente assume relativamente à esfera jurídica do indivíduo infrator.[177]

Dessa forma, há que se verificar no caso concreto, a possibilidade de aplicação dos referidos princípios.

Como se verá no próximo capítulo, uma das situações mais comuns nas quais o STJ tem deixando de aplicar a pena de perdimento de veículo, com respaldo nos princípios da proporcionalidade e da razoabilidade, é quando a mercadoria transportada é de valor desproporcional ao valor daquele.

Outras situações em que usualmente são empregados esses princípios pelo STJ referem-se aos casos nos quais apenas parte de mercadoria importada ou exportada não estava acobertada por documentação, tendo esta Corte decidido no sentido de que a pena de perdimento

---

[176] PADILHA, Maria Ângela Lopes Paulino. As sanções no direito tributário. São Paulo: Noeses, 2015, p. 213.

[177] PONTES, Helenilson Cunha. O princípio da proporcionalidade e o direito tributário. São Paulo: Ed. Dialética, 2000, p. 137.

deveria ser aplicada somente sobre as mercadorias não declaradas regularmente na guia de importação ou exportação. Segundo o STJ, a pretensão de perdimento de toda a mercadoria importada, quando apenas parcela dela não é condizente com o que foi declarado, não atende aos princípios da proporcionalidade e da razoabilidade.[178]

Essa matéria será melhor detalhada quando do estudo da jurisprudência no Capítulo 4.

3.3.2.2 Sanções Políticas

Não existe um conceito legal de sanção política. Poucos autores se dispuseram à tarefa de defini-la, uma vez que esta pode assumir uma série de formatos que dificulta a percepção dos fatores em comum.

Segundo Hugo de Brito Machado:

> Em Direito Tributário a expressão sanções políticas corresponde a restrições ou proibições impostas ao contribuinte, como forma indireta de obrigá-lo ao pagamento do tributo, tais como a interdição do estabelecimento, a apreensão de mercadorias, o regime especial de fiscalização, entre outras. Qualquer que seja a restrição que implique cerceamento da liberdade de exercer atividade lícita é inconstitucional, porque contraria o disposto nos artigos 5º, inciso XIII, e 170, parágrafo único, do Estatuto Maior do País.[179]

O STF entende por sanção política as restrições não razoáveis ou desproporcionais ao exercício de atividade econômica ou profissional lícita, utilizadas como forma de indução oblíqua ou coação indireta ao pagamento de tributos.[180] Sustenta essa Corte que não é dado aos entes políticos valerem-se de sanções políticas contra os contribuintes inadim-

---

[178] Nesse sentido são o REsp 928.354/SP, Rel. Ministra Eliana Calmon, Segunda Turma, julgado em 04/09/2008, DJe 08/10/2008, o REsp 908.394/SP, Rel. Ministro Castro Meira, Segunda Turma, julgado em 27/03/2007, DJ 10/04/2007, e o REsp 1.217.885/RS, Rel. Ministro Herman Benjamim, Segunda Turma, julgado em 22/02/2011, DJe 16/03/2011.

[179] MACHADO, Hugo de Brito. Sanções Políticas no Direito Tributário. Revista Dialética de Direito Tributário n. 30, p. 46, mar. 1998.

[180] BRASIL. Supremo Tribunal Federal. RE 241.340. Relator: Ministro Joaquim Barbosa, DJe 26.03.2012.

plentes, cabendo-lhes, isso sim, proceder ao lançamento, à inscrição e à cobrança judicial de seus créditos.[181]

Verifica-se ser ponto comum nos julgados a invocação dos princípios da razoabilidade e da proporcionalidade como impedimento para a adoção de medidas restritivas de direitos.

A construção teórica das sanções políticas encontra sustentação nas seguintes súmulas do STF:

> Súmula 70. É inadmissível a interdição de estabelecimento como meio coercitivo para cobrança de tributo.
>
> Súmula 323. É inadmissível a apreensão de mercadorias como meio coercitivo para pagamento de tributos.
>
> Súmula 547. Não é lícito à autoridade proibir que o contribuinte em débito adquira estampilhas, despache mercadorias nas alfândegas e exerça suas atividades profissionais.

Adotar-se-á neste trabalho a definição apresentada por Nilson Franco Júnior:

> Sanções políticas tributárias podem ser definidas como medidas restritivas de direitos fundamentais impostas pelo Estado ao contribuinte, como forma de compelir o pagamento de tributo por meio indireto, abstendo-se dos meios legais dispostos para cobrança de crédito tributário, de forma desproporcional.[182]

Sanções dessa natureza, em regra, possuem como propósito servir de instrumento facilitador da arrecadação tributária. Ocorre que tal finalidade – o de atuar como medida de segurança no campo fiscal – deve encontrar limite no princípio da proporcionalidade.

São formas de cobrança indireta, na medida em que se aproveita de outras situações, em princípio, não relacionadas com o fato gerador do tributo a ser cobrado para fazer coagir o contribuinte a pagar o tributo. O poder de polícia é exercido, portanto, para o fim de reforçar a arre-

---

[181] BRASIL. RE 591.033. Relatora: Ministra Ellen Gracie. Brasília, 17 de novembro de 2010, Plenário, DJe de 25.02.2011, com repercussão geral.

[182] FRANCO JÚNIOR, Nilson José. Sanções políticas em matéria tributária. Curitiba: CRV, 2017, p. 51.

cadação tributária e não mais para assegurar os interesses públicos que estão por detrás dessa competência.

A via das sanções políticas acaba sendo prejudicial a direitos e garantias fundamentais do contribuinte e, por isso mesmo, poderá inviabilizar o exercício da atividade empresarial ou profissional. Daí ser prática vedada e repudiada pelo STF:

> [...] Não é dado aos entes políticos valerem-se de sanções políticas contra os contribuintes inadimplentes, cabendo-lhes, isso sim, proceder ao lançamento, inscrição e cobrança judicial de seus créditos, de modo que o interesse processual para o ajuizamento de execução está presente.[183]

Sanção política, assim, é medida restritiva de direito, que dificulta ou impede a atividade empresarial do contribuinte para forçá-lo ao adimplemento dos débitos sem que se permita qualquer discussão. É prática contrária aos direitos fundamentais dos contribuintes, ferindo garantias como livre exercício do trabalho, ofício ou profissão (CF, art. 5º, XIII), da atividade econômica (CF, art. 170, parágrafo único) e do devido processo legal (CF, art. 5º, LIV).

Conforme já reconhecido pelos precedentes do STF em situações tais, o Estado não pode valer-se de meios indiretos de coerção. Esse comportamento estatal, porque arbitrário e injustificável, não pode ser tolerado, ainda mais porque o crédito tributário é dotado de inúmeras garantias e privilégios, pressupondo o direito ao devido processo legal.

O direito-poder de legislar não se afigura absoluto, intangível. Há de ser exercido com razoabilidade, não se prestando a patrocinar os excessos legislativos, mormente representados por desvios de finalidade, abusos ou veiculação de prescrições injustificáveis. Revela-se ilegítima e inconstitucional toda norma cujo conteúdo é incompatível com a Constituição.

A censura a sanções políticas adotadas pelo Poder Público em matéria tributária foi registrada com propriedade por Helenilson Pontes:

> [...] O princípio da proporcionalidade, em seu aspecto necessidade, torna inconstitucional também grande parte das sanções indiretas ou políticas

---

[183] BRASIL. Supremo Tribunal Federal. RE 591.033, Relatora Ministra Ellen Gracie Julgamento em: 17.11.2010. Publicado em: 25.02.2011.

impostas pelo Estado sobre os sujeitos passivos que se encontrem em estado de impontualidade com os seus deveres tributários. Com efeito, se com a imposição de sanções menos gravosas, e até mais eficazes (como a propositura de medida cautelar fiscal e ação de execução fiscal), pode o Estado realizar o seu direito à percepção da receita pública tributária, nada justifica validamente a imposição de sanções indiretas como a negativa de fornecimento de certidões negativas de débito, ou inscrição em cadastro de devedores, o que resulta em sérias e graves restrições ao exercício da livre iniciativa econômica, que vão da impossibilidade de registrar atos societários nos órgãos do Registro Nacional do Comércio até a proibição de participar de concorrências públicas.[184]

Contudo, cumpre ressaltar que nem toda medida restritiva pode ser considerada sanção política tributária. Em algumas situações existe a necessidade de o Estado aplicar determinadas sanções a contribuintes que descumprem sistematicamente as normas tributárias, impedindo ou dificultando a atividade da administração.[185]

Para identificar a legitimidade de uma sanção tributária restritiva de direito, faz-se mister a aplicação do princípio da proporcionalidade

---

[184] PONTES, Helenilson Cunha. O princípio da proporcionalidade e o direito tributário. São Paulo: Ed. Dialética, 2000, p. 141-142.

[185] Nesse sentido, Humberto Ávila leciona que razões de relevante interesse público legitimam a adoção excepcional de medidas restritivas das prerrogativas individuais e coletivas: "Esses novos precedentes permitem verificar que o Estado, ao restringir as atividades particulares, pode ter em mira a realização de fins específicos e legítimos. Nessas hipóteses, a restrição da liberdade será apenas um efeito decorrente do propósito de atingir uma dada finalidade, como controlar a atividade particular ou garantir a coexistência de liberdades. Esses conflitos, em vez de bilaterais, são multilaterais, pois envolvem não apenas a relação entre o Estado e um sujeito na qualidade de contribuinte, mas a relação entre o Estado e vários sujeitos na qualidade de agentes econômicos, um dos quais, ao exercer ilicitamente seu 'direito', termina atingindo o núcleo do direito fundamental do outro. A ponderação efetuada pelo Tribunal, agora centrada no âmbito do Direito Econômico, envolve uma contraposição multipolar entre o poder do Estado e os interesses de vários concorrentes. No lugar de analisar a restrição de uma só liberdade, o Tribunal é chamado a solucionar um conflito entre várias liberdades por meio do estabelecimento de uma norma ordenatória". ÁVILA, Humberto. Comportamento anticoncorrencial e direito tributário. In: FERRAZ, Roberto (coord). Princípios e limites da tributação 2: os princípios da ordem econômica e a tributação. São Paulo: QuartierLatin, 2009, p. 432.

ao caso concreto. Nesse sentido foi a decisão proferida no RE 550.769, no qual o Plenário do STF admitiu a interdição de estabelecimento por inadimplência tributária sistemática, conforme se estudará no item 4.6.

3.4 O Princípio da Vedação ao Confisco e as Multas Tributárias

O princípio da vedação ao confisco, previsto no art. 150, inciso IV, da Constituição Federal de 1988, veda aos entes federativos utilizar tributo com efeito de confisco.[186] Trata-se de norma dirigida ao Estado, cujo objetivo é garantir ao contribuinte limites à atuação estatal, impedindo o livre arbítrio do legislador na instituição de tributos. Esse princípio está intrinsecamente ligado à ideia de proporcionalidade e de razoabilidade, tendo em vista que não é proporcional nem razoável instituir tributo com caráter confiscatório.

Grande parte dos doutrinadores defende a extensão do princípio do não confisco às multas tributárias, não obstante tributo e penalidade constituam conceitos distintos.

Com efeito, enquanto o tributo deriva de hipótese material de incidência tributária, não constituindo sanção de ato ilícito (CTN, art. 3º), as multas têm como pressuposto a prática de um ilícito (descumprimento da obrigação principal ou acessória) e, portanto, constituem sanção de ato ilícito. Ademais, o tributo visa carrear recursos aos cofres públicos; a multa não tem natureza arrecadatória e sim sancionatória.

Hugo de Brito Machado defende que não se aplicaria o princípio de vedação ao confisco às multas tributárias, mas tão somente aos tributos. Para este autor, "sustentar que a garantia do não confisco aplica-se às multas é defender claramente o direito de sonegar tributos", expressando a certeza de que a aplicação de multas elevadas seria "o meio mais eficaz no combate à sonegação".[187]

Como ensina Misabel Derzi, "no exame dos efeitos confiscatórios do tributo, deve ser feita abstração de multas e juros acaso devidos. As sanções, de modo geral, desde a execução judicial até as multas, especial-

---

[186] Eis o teor do dispositivo constitucional: "Art. 150. Sem prejuízo de outras garantias asseguradas ao contribuinte, é vedado à União, aos Estados, ao Distrito Federal e aos Municípios: [...] IV – utilizar tributo com efeito de confisco".
[187] Apud SCHOUERI. Luís Eduardo. Direito tributário. 7. ed. São Paulo: Saraiva, 2017, p. 372.

mente em caso de cumulação, podem levar à perda substancial do patrimônio do contribuinte, sem ofensa ao direito".[188]

O STF tem amparado seus julgados numa interpretação mais ampla do dispositivo constitucional estatuído no artigo 150, IV. Sustentando a tese de afronta ao princípio do não confisco, o Pretório Excelso estendeu o alcance da aludida disposição, admitindo que as multas tributárias poderiam assumir uma feição confiscatória, de forma que atualmente é praticamente unânime o posicionamento de que a vedação ao efeito confiscatório se aplica também às multas tributárias.

Nesse sentido, menciona-se a decisão do STF, proferida na Ação Direta de Inconstitucionalidade n. 1075/DF (ADI), que considerou confiscatória a multa fixada em 300% sobre o valor do bem ou operação, pela ausência de emissão de nota fiscal, prevista no artigo 3º, parágrafo único, da Lei n. 8.846/1994 (trata-se de decisão que será estudada no Capítulo 4).

Cumpre referir também à decisão proferida na ADI 551-1/RJ[189], proposta pelo governador do Estado do Rio de Janeiro, que alegou a inconstitucionalidade dos §§ 2º e 3º do artigo 57 do Ato das Disposições Constitucionais Transitórias da Constituição Fluminense, que fixaram, respectivamente, multa mínima de duas vezes o valor do imposto para o caso de não recolhimento de impostos e taxas e o mínimo de cinco vezes o valor de multas decorrentes de sonegação de impostos ou taxas:

> AÇÃO DIRETA DE INCONSTITUCIONALIDADE. §§ 2º E 3º DO ART. 57 DO ATO DAS DISPOSIÇÕES CONSTITUCIONAIS TRANSITÓRIAS DA CONSTITUIÇÃO DO ESTADO DO RIO DE JANEIRO. FIXAÇÃO DE VALORES MÍNIMOS PARA MULTAS PELO NÃO-RECOLHIMENTO E SONEGAÇÃO DE TRIBUTOS ESTADUAIS. VIOLAÇÃO AO INCISO IV DO ART. 150 DA CARTA DA REPÚBLICA.
>
> A desproporção entre o desrespeito à norma tributária e sua consequência jurídica, a multa, evidencia o caráter confiscatório desta, atentando

---

[188] Nota 10.2.5. BALEEIRO, Aliomar. Limitações Constitucionais ao Poder de Tributar. 7. ed. Atualização de Misabel Abreu Machado Derzi. Rio de Janeiro: Forense, 1997, p. 579.

[189] Embora se trate de questão decorrente de tributos estaduais, traz-se à colação, por se tratar de acórdão paradigmático.

contra o patrimônio do contribuinte, em contrariedade ao mencionado dispositivo do texto constitucional federal. Ação julgada procedente.[190]

A seguir, alguns excertos de votos proferidos na ADI 551-1/RJ:

O senhor Ministro Ilmar Galvão – (Relator) [...] O art. 150, IV, da Carta da República veda a utilização de tributo com efeito confiscatório. Ou seja, a atividade fiscal do Estado não pode ser onerosa a ponto de afetar a propriedade do contribuinte, confiscando-a a título de tributação. Tal limitação ao poder de tributar estende-se, também, às multas decorrentes de obrigação tributária, ainda que não tenham elas natureza de tributo. [...]. O eventual caráter de confisco de tais multas não pode ser dissociado da proporcionalidade que deve existir entre violação da norma jurídica tributária e sua conseqüência jurídica, a própria multa. Desse modo, o valor mínimo de duas vezes o valor do tributo como conseqüência do não--recolhimento apresenta-se desproporcional, atentando contra o patrimônio do contribuinte, em evidente efeito de confisco. Igual desproporcionalidade constata-se na hipótese de sonegação, na qual a multa não pode ser inferior a cinco vezes o valor da taxa ou imposto, afetando ainda mais o patrimônio do contribuinte. Configurada, assim, a contrariedade dos dispositivos impugnados com o inciso IV do art. 150 da Constituição Federal, o que desde logo permite a declaração de sua inconstitucionalidade sem a necessidade de análise de possível, vício formal, tal como apontado no julgamento cautelar. [...]. O Senhor Ministro Sepúlveda Pertence, Sr. Presidente esse problema da vedação de tributos confiscatórios que a jurisprudência do Tribunal estende às multas gera, às vezes, uma certa dificuldade de identificação do ponto a partir de quando passa a ser confiscatório. [...] Também não sei a que altura um tributo ou uma multa se torna confiscatório; mas uma multa de duas vezes o valor do tributo, por mero retardamento de sua satisfação, de cinco vezes, em caso de sonegação, certamente sei que é confiscatório e desproporcional. O senhor Ministro Marco Aurélio (Presidente) – Embora haja dificuldade, como ressaltado pelo ministro Sepúlveda Pertence, para se fixar o que se entende por multa abusiva, constatamos que as multas são acessórias e não podem, como tal, ultrapassar o valor do principal. No caso, quando se cogita multa de duas vezes o valor do principal – o que é o tributo não recolhido

---

[190] BRASIL. Supremo Tribunal Federal, ADI 551-1/RJ, Relator: Ministro Ilmar Galvão. Julgamento: 24.10.2002. Órgão Julgador: Tribunal Pleno. DJU 14.02.2003.

– ou de cinco vezes, na hipótese de sonegação, verifica-se o abandono dessa premissa e dos princípios da razoabilidade e proporcionalidade.[191]

Ambas as ADI aqui mencionadas são tomadas como *leading cases* para outros julgados do STF quanto à fixação de multas consideradas confiscatórias.

Quanto à multa de mora, no passado a análise do efeito confiscatório dessa multa foi feita no Recurso Extraordinário 239.964-4/RS, relatora Ministra Ellen Gracie. Nesse julgado, foi rejeitada a violação do princípio no caso de multa fixada no patamar de 20%. A decisão teve a seguinte ementa:

> IPI. MULTA MORATÓRIA. ART. 59. LEI 8.383/91. RAZOABILIDADE. A multa moratória de 20% (vinte por cento) do valor do imposto devido não se mostra abusiva ou desarrazoada, inexistindo ofensa aos princípios da capacidade contributiva e da vedação ao confisco. Recurso extraordinário não conhecido.[192]

Os precedentes do STF aqui apontados constituem indicativos do que se entende como razoável e não confiscatório em matéria de multa moratória (RE 239.964/RS, no qual foi havido como razoável o percentual de 20%) e de multa punitiva (ADI 551-1/RJ), na qual o Min. Marco Aurélio, em seu voto, referiu que "as multas são acessórias e não podem, como tal, ultrapassar o valor do principal".

Feitas estas considerações a respeito das principais sanções no Direito Tributário, passa-se ao exame de julgados nos quais os princípios da proporcionalidade e da razoabilidade foram empregados para afastar (ou não) sua aplicação. Conforme referenciado na introdução deste trabalho, trata-se das decisões mais relevantes proferidas pelos tribunais superiores. Ressalte-se, quanto aos acórdãos relativos à pena de perdimento proferidos pelo STJ, que, por se tratar de um universo maior de decisões, foram apresentados os assuntos mais recorrentes. Tais acórdãos foram colhidos da bibliografia apresentada e de pesquisa efetuada nos sítios dos tribunais superiores.

---

[191] BRASIL. Supremo Tribunal Federal. ADI 551-1/RJ. Relator: Ministro Ilmar Galvão. Brasília, 24 de outubro de 2002. Órgão Julgador: Tribunal Pleno. DJU 14.02.2003.
[192] BRASIL. Supremo Tribunal Federal, Recurso Extraordinário 239.964-4/RS. Relator: Ministra Ellen Gracie. Primeira Turma. Data do Julgamento: 15.04.03, DJ 09.05.03.

Capítulo 4
Aplicação dos Princípios da Proporcionalidade e da Razoabilidade na Jurisprudência Tributária do Poder Judiciário em Face das Sanções Tributárias

Neste Capítulo examinam-se alguns precedentes dos tribunais superiores relativos à aplicação dos princípios da proporcionalidade e da razoabilidade no direito tributário sancionador.

Segundo Adilson Puhl, antes da Constituição de 1988 não era incomum encontrar acórdãos de diversos tribunais lamentando ter que aplicar, aos casos em julgamento, leis inconvenientes e desarrazoadas.[193]

Coube ao STF a introdução desses princípios em matéria tributária no campo jurisprudencial, no julgamento do RE 18.331, no qual foi questionada a constitucionalidade da Lei n. 995, de 21 de outubro de 1948, do Município de Santos, que majorou o imposto de licença incidente sobre cabines de banho.

---

[193] No âmbito tributário, menciona esse autor a Apelação n. 3.673 do STF, em 1923, Relator o Min. Edmundo Lins, cuja decisão foi no sentido de que o Poder Judiciário não poderia invalidar, por excessiva, uma norma de direito tributário, devendo os contribuintes se queixarem de si mesmos, pela escolha dos legisladores. PUHL, Adilson Josemar. O princípio da proporcionalidade ou da razoabilidade como instrumento assegurador dos direitos e garantias fundamentais e o conflito de valores no caso concreto. São Paulo: Editora Pillares, 2005, p. 46.

Em primeira instância a lei foi julgada inconstitucional, sob o fundamento de que a majoração havia sido desproporcional à capacidade econômica do contribuinte. O Tribunal de Justiça de São Paulo reformou a sentença, alegando que a Constituição de 1946, vigente à época, não impunha ao Poder Público limites para a majoração de tributos, desde que não constrangesse a atividade particular lícita. Para o tribunal, o imposto, comparado com as demais despesas do contribuinte, não poderia ser considerado excessivo.

Interposto o Recurso Extraordinário, o STF firmou o entendimento que o imposto não aniquilava a liberdade de profissão. O STF, portanto, manteve a decisão do TJ/SP, reconhecendo que o imposto era constitucional, tendo em vista que a desproporção entre a majoração tributária e a atividade econômica do recorrente era resultante de contratos onerosos firmados por este último e não do tributo em si.

Em seu voto, o Relator Ministro Orozimbo Nonato assim se manifestou a respeito da proporcionalidade do poder de tributar:

> O poder de taxar não pode chegar à desmedida do poder de destruir, uma vez que aquele somente pode ser exercido dentro dos limites que o tornem compatível com a liberdade de trabalho, de comércio e de indústria e com o direito de propriedade. É um poder, cujo exercício não deve ir até o abuso, o excesso, o desvio, sendo aplicável, ainda aqui, a doutrina fecunda do 'detournement de pouvoir'.[194]

Embora não tenham sido expressamente mencionados no acórdão, os princípios da proporcionalidade e da razoabilidade encontram-se subjacentes na ideia de que o Poder Público não pode instituir impostos de forma a impedir ou onerar demasiadamente as atividades do contribuinte.

Outro julgado que merece ser mencionado, ocorrido já na vigência da Constituição Federal de 1988, e no qual o STF fundamentou o aresto nos princípios da razoabilidade e da proporcionalidade, foram as ADI 1976-7/DF e 1922-9/DF, ajuizadas pela Confederação Nacional da Indústria e pelo Conselho Federal da Ordem dos Advogados do Brasil, respectivamente.

---

[194] Brasil. Supremo Tribunal Federal. RE 18.331. Relator Ministro Orozimbo Nonato, RF 145 (1953), p. 164-169.

Nestas ações, postulava-se a declaração de inconstitucionalidade do artigo 32 da Medida Provisória 1699-41, de 29 de setembro de 1998, que alterava o art. 33 do Decreto n. 70.235, de 7 de março de 1972, exigindo para o processamento administrativo fiscal do recurso administrativo o depósito prévio da quantia de trinta por cento da exigência fiscal ou o arrolamento de bens e direitos. Arguia-se ofensa ao devido processo legal, direito de peticionar sem taxas, princípio da isonomia, entre outros.

Em seu voto, o Relator, Ministro Joaquim Barbosa entendeu que a exigência de depósito prévio criaria um obstáculo desarrazoado para ingresso na segunda instância administrativa, desconsiderando, inclusive, a condição daqueles que não teriam disponibilidade da quantia para recorrer.

Referiu o Ministro que a exigência do depósito prévio ou arrolamento de bens significava supressão do direito de recorrer administrativamente. Assim se manifestou o Ministro em rara decisão em que os subprincípios da proporcionalidade são citados:

> Exigir que o administrado deposite determinada quantia como requisito ao exercício do direito de recorrer equivale, na prática, à supressão desse direito. Justamente aí se encontra a afronta à essência do direito de recorrer na via administrativa. O exame da proporcionalidade comprova isso.
>
> Não está presente a exigência da adequação, que visa a aferir se o meio leva efetivamente ao fim pretendido, quando se impõe o depósito prévio como condição *sine qua non* para o manejo do recurso. Ao cobrar para admitir recurso administrativo, não consegue a Administração evitar que o administrado, posteriormente, venha a impedir judicialmente os efeitos da decisão administrativa. É criado um entrave que pode não satisfazer o fim da Administração de receber certa quantia.
>
> Quanto à necessidade, ou melhor, à inexistência de outro meio eficaz, também ela não se configura no caso. O depósito prévio cria um *discrímen* infundado em detrimento do administrado, ao se exigir deste depósito de quantia de que muitas vezes não dispõe e que fica imobilizada enquanto o recurso é analisado. Por outro lado, é descabida qualquer tentativa de se transformar o depósito prévio em condição necessária ao atingimento do objetivo de ter um procedimento administrativo célere.
>
> No que tange à razoabilidade, o confronto entre o direito ao recurso administrativo e a pretensão da Administração de reter quantias até que

ela própria analise o recurso há de resultar na preponderância do direito do cidadão de levar adiante sua irresignação contra medida que considera ilegal ou injusta, inclusive por razões de ordem prática. Vale dizer, a solução mais favorável ao administrado deve prevalecer, mesmo porque a exigência de depósito prévio tem o efeito perverso de contribuir para a sobrecarga do Judiciário, já inacessível a parcelas significativas da população.[195]

Como visto, o Ministro Joaquim Barbosa entendeu que a exigência de depósito prévio como pressuposto para a interposição de recurso voluntário seria medida desnecessária, inadequada e irrazoável, servindo apenas para que o contribuinte desistisse da via administrativa e recorresse diretamente à via judicial, acarretando sobrecarga ao Judiciário. Observa-se que em seu voto o Ministro considerou a razoabilidade como um dos subprincípios da proporcionalidade.

Considerando que a aplicação dos subprincípios da proporcionalidade é subsidiária, no voto ora analisado não seria imperativa a análise da necessidade e da proporcionalidade em sentido estrito (razoabilidade, para o Ministro), uma vez que a medida já havia se demonstrado inadequada.[196]

O Ministro Cezar Peluso também reconheceu a ausência de razoabilidade na exigência de depósito prévio, acrescentando que é preciso haver perfeita simetria entre a norma e seus fundamentos e objetivos. Neste sentido, a norma impugnada não seria medida adequada, por não conseguir evitar que decisão judicial impeça o recebimento do valor pretendido, nem mesmo necessária, pois pode aviar-se a cobrança ao cabo de procedimento administrativo, sem que se exija do contribuinte prévio depósito de quantia cuja legitimidade ainda se discute.

À exceção do Ministro Sepúlveda Pertence, os demais ministros, sem se deterem no exame da razoabilidade da medida, acompanharam o voto do relator, dando provimento ao Recurso Extraordinário interposto pelo contribuinte.[197]

---

[195] BRASIL. Supremo Tribunal Federal. ADI 1976-1. Relator Ministro Joaquim Barbosa. Tribunal Pleno. Publicado em 18.05.2007.
[196] Conforme visto no Capítulo 2.
[197] Ressalte-se que essa decisão resultou na edição da Súmula Vinculante n 21 da Suprema Corte, com o seguinte teor: É inconstitucional a exigência de depósito ou arrolamento prévios de dinheiro ou bens para admissibilidade de recurso administrativo.

Expostas essas duas manifestações dos princípios da razoabilidade e da proporcionalidade na jurisprudência tributária brasileira – a primeira, pioneira, embora sem mencionar expressamente os referidos princípios e a segunda, com a análise dos subprincípios da proporcionalidade –, passa-se ao exame de como os tribunais superiores têm aplicado os princípios em tela na aferição da constitucionalidade das sanções tributárias.

A colisão de princípios é muito frequente no âmbito tributário, derivando do choque que se verifica entre o poder de tributar e a limitação deste poder, em que de um lado está o interesse público e, do outro, o direito de propriedade. Como exemplos de embate entre princípios tributários, tem-se o princípio da capacidade contributiva *versus* o princípio do não confisco, o princípio da capacidade contributiva *versus* princípio da legalidade e ainda justiça *versus* segurança jurídica. Da mesma forma, ocorrem colisões entre princípios na imposição e aplicação de penalidades. Em situações tais, deve o intérprete decidir o caso concreto mediante a ponderação dos princípios em choque.

São apresentadas a seguir algumas decisões mais emblemáticas do STF e do STJ nas quais esses princípios foram aplicados para solucionar conflitos entre o Fisco e o contribuinte. Quanto à pena de perdimento de bens e veículos, por se tratar de um universo maior de decisões, foram apresentados alguns julgados que indicam decisões mais recorrentes no STJ.

4.1 Multa Isolada pelo Descumprimento de Obrigações Acessórias – REsp 728.999/PR e REsp 601.351/RN

O STJ tem invocado os princípios da razoabilidade e da proporcionalidade para afastar a aplicação de multas isoladas consideradas desproporcionais à luz do caso concreto.

Trata-se, no primeiro caso, do acórdão proferido no Recurso Especial nº 728.999/PR, no qual o contribuinte, pessoa física, ajuizou ação anulatória de débito fiscal, com pedido de tutela antecipada, em face da União Federal, insurgindo-se contra a lavratura de auto de infração no qual a Receita Federal imputou-lhe multa de 20% sobre valores pagos a pessoas físicas e jurídicas tidos como não informados na declaração de rendimentos do ano-base de 1995.[198]

---

[198] A multa de 20% está fundamentada no artigo 13, § 2º, do Decreto-Lei n. 2.396/87, o qual dispõe:

Em suas razões, o autor alegou vício de forma na declaração, sustentando que, apesar de ter informado despesas com advogados no campo "Livro Caixa", quando deveria tê-las declarado no campo "Relação de Doações e Pagamentos Efetuados", tal procedimento não acarretou prejuízos ao Fisco.

A ação foi julgada improcedente. Interposta apelação, o Tribunal Regional Federal da 4ª Região negou provimento ao recurso, sob o fundamento de que o contribuinte deveria ter informado tais pagamentos no campo próprio de sua declaração, criado justamente para facilitar o cruzamento desses dados com os constantes das declarações de imposto de renda das pessoas citadas em sua declaração e, assim, possibilitar o controle e a fiscalização do imposto.

O contribuinte interpôs Recurso Especial ao STJ, argumentando ser incabível a multa prevista no § 2º do art. 13 do Decreto-Lei n. 2.396, de 21 de dezembro de 1987, uma vez que as despesas de custeio deduzidas foram comprovadas.

Em suas contrarrazões, a Fazenda Nacional sustentou que mesmo que a informação conste na documentação fiscal do contribuinte, a simples dificuldade gerada à fiscalização e o risco em potencial de tal omissão torna-se uma forma sutil de colaborar com a evasão fiscal, razão pela qual a multa imposta era plenamente justificável.

Ao apreciar a questão o relator, Ministro Luiz Fux, após observar que a atuação da Administração Pública deve seguir os parâmetros da razoa-

---

Art. 13. As pessoas físicas deverão informar à Secretaria da Receita Federal, juntamente com a declaração, os rendimentos que pagaram no ano anterior, por si ou como representantes de terceiros, com indicação do nome, endereço e número de inscrição no Cadastro de Pessoas Físicas ou no Cadastro Geral de Contribuintes, das pessoas que os receberam.

§ 1º Deverão ser informados, na forma deste artigo:

a) os rendimentos pagos a pessoas jurídicas, quando constituam abatimento ou dedução na declaração do contribuinte;

b) os rendimentos pagos a pessoas físicas, constituam ou não abatimento ou dedução na declaração do contribuinte, compreendendo pagamentos efetuados a profissionais liberais, tais como médicos, dentistas, advogados, veterinários, economistas, contadores, engenheiros, arquitetos, psicólogos, fisioterapeutas, e os pagamentos efetuados a título de aluguel, pensão alimentícia e juros.

§ 2º A falta de informação de pagamento efetuado sujeitará o infrator à multa de 20% (vinte por cento) do valor não declarado ou de eventual insuficiência, aplicável pela Secretaria da Receita Federal.

bilidade e da proporcionalidade, que censuram o ato administrativo que não guarde uma proporção adequada entre os meios que emprega e os fins que pretende almejar, assim se manifestou a respeito dos princípios em tela:

> A razoabilidade encontra ressonância na ajustabilidade da providência administrativa consoante o consenso social acerca do que é usual e sensato. Razoável é o conceito que se infere a *contrario sensu*; vale dizer, escapa à razoabilidade 'aquilo que não pode ser'. A proporcionalidade, como uma das facetas da razoabilidade, revela que nem todos os meios justificam os fins. Os meios conducentes à consecução das finalidades, quando exorbitantes, superam a proporcionalidade, porquanto medidas imoderadas em confronto com o resultado almejado.

Com fundamento no princípio da razoabilidade, o Ministro Luiz Fux concluiu que a "declaração efetuada de forma incorreta não equivale à ausência de informação". Referindo que o erro de preenchimento da declaração não resultou em prejuízo ao Fisco nem implicou em alteração na base de cálculo do imposto de renda devido pelo contribuinte, o relator concluiu pela ausência de razoabilidade na cobrança da multa de 20%.

A Primeira Turma do STJ acompanhou o voto do relator, dando provimento ao Recurso Especial.

Outro exemplo de aplicação dos princípios da proporcionalidade e da razoabilidade é o do acórdão proferido no REsp 601.351/RN, de relatoria da Ministra Eliana Calmon. Trata-se da aplicação de multa pela não apresentação à Receita Federal da Declaração de Débitos e Créditos Tributários Federais (DCTF) no período de agosto de 1994 a dezembro de 1995. A sentença judicial, assim como o acórdão do Tribunal Regional Federal da 5ª Região, considerou que a multa por mês-calendário ou fração era demasiada, tese acolhida pelo STJ, que considerou apenas a incidência sobre um mês e não dezessete meses, como resultava da lei.

O acórdão está assim ementado:

> ADMINISTRATIVO – MULTA – FORMA DE COBRANÇA
> 1. Sendo devida multa pela não-declaração ao Fisco das contribuições de tributos (sic) federais, no momento em que se faz a declaração em bloco, não é razoável efetuar um somatório da sanção pecuniária para cada mês de atraso na declaração.

2. Princípio da proporcionalidade da sanção, que atende a outro princípio, o da razoabilidade.
3. Recurso especial improvido.

Em seu voto, a relatora argumentou que o descumprimento da obrigação acessória não pode ser visto como um somatório de desobediência à legislação fiscal, se em bloco veio a ser satisfeita a obrigação principal. Assim, concluiu que "não há alternativa senão aplicar o princípio da proporcionalidade, não sendo razoável a forma como agiu o Fisco".

4.1.1 Análise do REsp 728.999/PR e do REsp 601.351/RN

As obrigações acessórias (ou instrumentais) têm a função de municiar a Administração com os elementos necessários para a apuração de eventual crédito tributário.

No REsp 728.999/PR, o relator recorreu à razoabilidade e à proporcionalidade para solucionar a controvérsia tributária, adotando em seu voto o entendimento de que a proporcionalidade é uma das expressões da razoabilidade, ao lado da necessidade e da adequação. Embora no caso o contribuinte efetivamente tenha descumprido a lei, pois não informou o beneficiário do rendimento pago, o Ministro relator se manifestou no sentido de que não houve prejuízo para o Fisco pois, quando intimado, o contribuinte comprovou a legitimidade da dedução (identificando assim o beneficiário do rendimento), e não houve insuficiência no recolhimento do imposto.

No REsp 601.351/RN, a Ministra Eliana Calmon considerou que não era razoável a cobrança da multa pela infração continuada, a exemplo do crime continuado.

O *non bis in idem* tem a serventia de também afastar a possibilidade de proibir reiterados sancionamentos por uma mesma infração. A punição na esfera administrativa guarda afinidade estrutural e teleológica com a sanção penal.

Pelo fato de não ter a relatora do acórdão exposto seu raciocínio argumentativo, restou confusa a aplicação dos princípios da proporcionalidade e da razoabilidade aplicáveis ao caso concreto, dando a entender que aquele princípio integra este.

4.2 Multa de Ofício – ADI-MC 1075/DF

Na ADI-MC 1075/DF, o STF concedeu a medida liminar pleiteada para suspender os efeitos do art. 3º da Lei n. 8.846, de 21 de janeiro de 1994, que estabeleceu a multa fiscal de 300% pela não emissão de nota fiscal. A decisão foi fundamentada nos princípios do não confisco e da razoabilidade, conforme excertos da ementa:

> AÇÃO DIRETA DE INCONSTITUCIONALIDADE – LEI Nº 8.846/94 EDITADA PELA UNIÃO FEDERAL – [...] A TRIBUTAÇÃO CONFISCATÓRIA É VEDADA PELA CONSTITUIÇÃO DA REPÚBLICA.
> – É cabível, em sede de controle normativo abstrato, a possibilidade de o Supremo Tribunal Federal examinar se determinado tributo ofende, ou não, o princípio constitucional da não-confiscatoriedade consagrado no art. 150, IV, da Constituição da República. Hipótese que versa o exame de diploma legislativo (Lei 8.846/94, art. 3º e seu parágrafo único) que instituiu multa fiscal de 300% (trezentos por cento).
> – A proibição constitucional do confisco em matéria tributária – ainda que se trate de multa fiscal resultante do inadimplemento, pelo contribuinte, de suas obrigações tributárias – nada mais representa senão a interdição, pela Carta Política, de qualquer pretensão governamental que possa conduzir, no campo da fiscalidade, à injusta apropriação estatal, no todo ou em parte, do patrimônio ou dos rendimentos dos contribuintes, comprometendo-lhes, pela insuportabilidade da carga tributária, o exercício do direito a uma existência digna, ou a prática de atividade profissional lícita ou, ainda, a regular satisfação de suas necessidades vitais básicas.
> – O Poder Público, especialmente em sede de tributação (mesmo tratando-se da definição do "quantum" pertinente ao valor das multas fiscais), não pode agir imoderadamente, pois a atividade governamental acha-se essencialmente condicionada pelo princípio da razoabilidade que se qualifica como verdadeiro parâmetro de aferição da constitucionalidade material dos atos estatais [...].[199]

---

[199] BRASIL. Supremo Tribunal Federal. ADI-MC 1075/DF. Tribunal Pleno. Relator Ministro Celso de Mello. Julgamento: 17.06.1998. Publicação: DJU 24.11.2006. O art. 3º da Lei n. 8.846/94, e o art. 4º, que àquele dispositivo se reporta, já revogados, foram assim redigidos: "Art. 3º Ao contribuinte, pessoa física ou jurídica, que não houver emitido a nota fiscal, recibo ou documento equivalente, na situação de que trata o art. 2º, ou não houver comprovado a sua emissão, será aplicada a multa pecuniária de trezentos por cento sobre o valor do

Em seu voto o relator, Ministro Celso de Mello, assim se manifestou:

> É inquestionável, Senhores Ministros, considerando-se a realidade normativa emergente do ordenamento constitucional brasileiro, que nenhum tributo – e, por extensão, nenhuma penalidade pecuniária oriunda do descumprimento de obrigações tributárias principais ou acessórias – poderá revestir-se de efeito confiscatório.
>
> Mais do que simples proposição doutrinária, essa asserção encontra fundamento em nosso sistema de direito constitucional positivo, que consagra, de modo explícito, a absoluta interdição de quaisquer práticas estatais de caráter confiscatório, com ressalva de situações especiais taxativamente definidas no próprio texto da Carta Política (art. 243 e seu parágrafo único). [...]

Embora o fundamento central da decisão tenha sido o princípio do não confisco, o relator também respaldou seu voto no princípio da razoabilidade, conforme se vê do excerto a seguir:

> O Poder Público, especialmente em sede de tributação, não pode agir imoderadamente, pois a atividade estatal acha-se essencialmente condicionada pelo princípio da razoabilidade. [...]

4.2.1 Análise da ADI-MC 1075/DF

Neste aresto o STF considerou relevante para a solução da ação a tese de ofensa ao art. 150, IV, da Constituição Federal, que veda a utilização de tributo com efeito de confisco, seja porque o autor da ADI alegou violação a esse dispositivo constitucional (não foi alegada ofensa aos princípios da proporcionalidade e da razoabilidade), seja porque, como visto, esse tribunal entende que o princípio do não confisco se estende às

---

bem objeto da operação ou do serviço prestado, não passível de redução, sem prejuízo da incidência do imposto sobre a renda e proventos de qualquer natureza e das contribuições sociais. (Revogado pela Lei n. 9.532, de 10.12.1997)
Parágrafo único. Na hipótese prevista neste artigo, não se aplica o disposto no art. 4º da Lei n. 8.218, de 29 de agosto de 1991. (Revogado pela Lei n. 9.430, de 1996)"
Art. 4º A base de cálculo da multa de que trata o art. 3º será o valor efetivo da operação, devendo ser utilizado, em sua falta, o valor constante da tabela preços do vendedor, para pagamento à vista, ou o preço de mercado. (Revogado pela Lei n. 9.532, de 10.12.1997).

multas. Não fosse esse o entendimento do STF, a análise da constitucionalidade do art. 3º da Lei n. 8.846/94 poderia se dar exclusivamente à luz do princípio da proporcionalidade.

O relator associou o princípio da vedação ao confisco com o da razoabilidade sem, contudo, expender um raciocínio nessa direção. Não houve menção ao princípio da proporcionalidade.

4.3 Pena de Perdimento de Mercadorias – Resp 928.354/SP e REsp 1.214.862

Trata-se dos Recursos Especiais 928.354/SP e 1.214.862 interpostos pela Fazenda Nacional. No primeiro caso, REsp 928.354-SP, a autoridade fazendária aplicou a pena de perdimento a mercadorias, com fundamento no art. 514, XII, do Regulamento Aduaneiro aprovado pelo Decreto n. 91.030/85 então vigente[200], pelo fato de que parte dos produtos encontrava-se desacobertada da guia de importação. Inconformado, o autuado recorreu ao Poder Judiciário.

A questão debatida nos autos cingiu-se se a pena de perdimento deveria recair sobre toda a mercadoria importada ou apenas sobre aquelas não acobertadas pela guia de importação.

O STJ manteve a decisão do Tribunal Regional Federal da 3ª Região, no sentido de que "não há óbice legal ao desembaraço da mercadoria regularmente declarada na guia de importação, hipótese em que a pena de perdimento deve recair apenas sobre o excedente não declarado".

A relatora, Ministra Eliana Calmon, fundamentou seu voto afirmando que a jurisprudência do STJ, embora chancele a pena de perdimento, porque prevista em lei, "tem entendido pertinente observar a proporção entre a infração e a perda, seja do ponto de vista da gravidade, seja em relação ao valor econômico do ilícito". Dessa forma, limitou a pena de perdimento ao excedente não declarado.

Eis o teor da ementa:

> ADMINISTRATIVO – PENA DE PERDIMENTO – EXCEDENTE NÃO DECLARADO.

---

[200] O referido dispositivo regulamentar estava assim redigido:
Art. 514 – Aplica-se a pena de perdimento da mercadoria: [...] XII – estrangeira chegada ao País com falsa declaração de conteúdo;

1. A pena de perdimento deve incidir apenas sobre o excedente não declarado, não havendo restrição legal ao desembaraço aduaneiro da mercadoria regularmente declarada na guia de importação.
2. Observância dos princípios da razoabilidade e da proporcionalidade.
3. Recurso não provido.[201]

Quanto ao REsp 1.214.862, trata-se de recurso interposto pela Fazenda Nacional contra acórdão do TRF da 4ª Região que julgou inadequada a aplicação da pena de perdimento, pela Receita Federal, de toda a mercadoria importada da China, considerada com falsa declaração de procedência, pelo fato de que apenas parte dela apresentava a indicação da Itália como país de origem.

O STJ manteve a decisão do tribunal *a quo*, que determinava a nacionalização das mercadorias nas quais não estivesse gravada a expressão *Italy* no produto, mantendo a aplicação da pena de perdimento apenas àquelas que indicavam a falsa procedência.

O relator do acórdão, Ministro César Asfor Rocha, decidiu que a solução dada pelo TRF da 4ª Região, diante das peculiaridades do caso concreto, atende aos princípios da proporcionalidade e da razoabilidade, não se justificando o perdimento de toda a mercadoria importada, quando apenas parcela dela não era condizente com o que foi declarado.

Fundamentou a decisão também no art. 112, inciso IV, do CTN e referiu que, na aplicação da pena de perdimento de bens, devem ser observados, não só a ocorrência de lesão ao erário, mas também os princípios da proporcionalidade e da razoabilidade, e que no caso concreto, aparentemente não houve dano efetivo ao erário, porque as mercadorias não foram internalizadas de forma clandestina ou mediante fraude, bem como não há notícia de que os tributos deixaram de ser recolhidos. O problema, pelo que se verifica dos autos, ocorreu nas declarações prestadas, em decorrência da dúvida quanto à origem de determinados produtos.

A pena de perdimento deve incidir apenas sobre o excedente não declarado às autoridades fiscais, não havendo restrição legal ao desembaraço aduaneiro da mercadoria regularmente declarada na guia de importação.

---

[201] BRASIL. Superior Tribunal de Justiça. REsp 928.354/SP, Relatora: Ministra ELIANA CALMON, SEGUNDA TURMA. Brasília, 4 de setembro de 2008. Publicado em 08.10.2008.

4.3.1 Análise do REsp 928.354/SP e REsp 1.214.862

No REsp 928.354/SP a relatora fez referência aos princípios da proporcionalidade e da razoabilidade na ementa. Embora não tivesse mencionado no voto esses princípios, este foi conduzido no sentido de não ser razoável aplicar a pena de perdimento a toda mercadoria, quando apenas parte se encontrava em situação irregular.

A análise da decisão proferida no REsp 1.214.862 vai no mesmo sentido. Revela que, tendo em vista que o pressuposto da aplicação da pena de perdimento é a configuração de dano ao erário, o juízo da proporcionalidade e da razoabilidade deve ser feito no caso concreto, levando-se em conta suas circunstâncias.

Nestes acórdãos, a referência à proporcionalidade e razoabilidade, como princípios de interpretação, trouxeram um reforço para a solução do conflito.

O STJ, aplicando os princípios em tela, tem se posicionado no sentido de que, quando apenas parte da mercadoria importada ou exportada estiver irregular, a pena de perdimento deve se restringir à parte que se encontra em situação irregular.

4.4 Pena de Perdimento de Veículo – REsp 576.300/SC, REsp 597.606/SC e REsp 1.072.040/PR

Outro exemplo de que o STJ tem recorrido com frequência aos princípios da razoabilidade e da proporcionalidade para fundamentar o afastamento da pena de perdimento, prevista no Regulamento Aduaneiro, é o do acórdão proferido no Recurso Especial nº 576.300/SC.

Trata-se de recurso interposto pela Fazenda Nacional contra acórdão proferido pelo Tribunal Regional Federal da 4ª Região, o qual afastou a pena de perdimento aplicada a embarcação que ingressou temporariamente no país para fins de realização de obras e reparos necessários em estaleiro nacional.

Alegou a Fazenda Nacional contrariedade ao disposto nos arts. 514, X, do Regulamento Aduaneiro; 105 do Decreto-Lei n. 37, de 18 de novembro de 1966, e 3º do Decreto-Lei n. 1.455/76, aduzindo que a interessada poderia ter se utilizado do regime aduaneiro especial de admissão temporária sem o pagamento de imposto, o que não ocorreu.

De acordo com o TRF da 4ª Região, a pena de perdimento é aplicável nas hipóteses de importação irregular, sendo imprescindível para sua configuração a ocorrência de dano ao erário. No caso analisado, ante a não incidência de tributos e, consequentemente, a inexistência de dano ao erário, bem como a ausência do intuito de burlar a fiscalização, o referido Tribunal considerou desproporcional a aplicação da pena de perdimento.

Ao analisar o Recurso Especial, a relatora do acórdão, Ministra Eliana Calmon, considerou inaplicável a pena de perdimento em função da ausência de dano ao erário, tendo em vista que a embarcação trazida pelo seu proprietário e condutor não se destinava à internação no Brasil. Dessa forma, negou provimento ao Recurso Especial, voto que foi acompanhado pelos demais Ministros.

O acórdão foi assim ementado:

> ADMINISTRATIVO – PENA DE PERDIMENTO – EMBARCAÇÃO ESTRANGEIRA INTERNADA NO BRASIL.
> As regras de direito tributário devem ser aplicadas sem perquirir o intérprete a intenção do contribuinte. Diferentemente, as regras que impõem sanção administrativa devem ser aplicadas dentro dos critérios da razoabilidade e da proporcionalidade, quando as circunstâncias fáticas, devidamente comprovadas, demonstram a não-intenção do agente no cometimento do ilícito.
> Embarcação estrangeira que ingressa para permanência temporária no país apenas para realização de obras e reparos necessários em estaleiro nacional, sem nenhuma intenção de deixar internalizado o bem apreendido.
> Aplicação exacerbada e desproporcional da pena de perdimento. Recurso especial improvido.[202]

Ressalte-se que no presente julgado a fundamentação na proporcionalidade e na razoabilidade constou apenas da ementa.

Na decisão proferida no Recurso Especial n. 597.606/SC[203], a Segunda Turma do STJ julgou igualmente irrazoável e desproporcional a aplicação da pena de perdimento a veículo importado internado no Brasil, o

---

[202] BRASIL. Superior Tribunal de Justiça. REsp 576.300. Relator: Ministra Eliana Calmon. Brasília, 4 de agosto de 2005. Publicado em: 05.09.2005.
[203] BRASIL. Superior Tribunal de Justiça. REsp 597.606/SC. Relator: Ministra Eliana Calmon. Brasília, 28 de junho de 2005. Publicado em: 15.08.2005.

qual encontrava-se em território nacional apenas de passagem. Da mesma forma que no REsp n. 576.300/SC, neste caso a relatora, Ministra Eliana Calmon, desconsiderou o argumento da Fazenda Nacional no sentido de que o brasileiro, residente no Paraguai, ao ingressar com o veículo estrangeiro de sua propriedade em território nacional, deveria ter se apresentado na repartição aduaneira para beneficiar-se do regime aduaneiro especial de admissão temporária e, não o tendo feito, sujeitou-se à pena de perdimento pela autoridade fiscal, porque configurada a importação de bens usados, com infração aos artigos. 23 do Decreto-Lei n. 1.455/76, 87 da Lei n. 4.502/64, de 20 de novembro de 1964, 499, 500, 514 e 516 do Regulamento Aduaneiro e, ainda, ao artigo 485, do Decreto n. 2.637/98 (antigo Regulamento do IPI), e da Portaria Decex n. 8/91.

Já no Recurso Especial nº 1.072.040/PR[204], o contribuinte recorreu de acórdão proferido pelo Tribunal Regional Federal da 4ª Região, o qual manteve a pena de perdimento de veículo de sua propriedade, apreendido quando transportava mercadorias desacompanhadas de documentação legal que comprovasse sua regular importação.

O relator do acórdão no STJ, Ministro Benedito Gonçalves, fundamentou seu voto na desproporção entre o valor da mercadoria irregularmente transportada e o valor do veículo apreendido.

Aplicando os princípios da razoabilidade e da proporcionalidade, o relator entendeu que a pena de perdimento não deveria ser aplicada ao caso em tela, uma vez que o valor das mercadorias em situação irregular era muito inferior ao do veículo.

Acompanhando o voto do relator, a Primeira Turma do STJ, por unanimidade, deu provimento ao recurso.

4.4.1 Análise do REsp 576.300/SC, REsp 597.606/SC e REsp 1.072.040/PR

Conforme a pacífica jurisprudência do STJ, a razoabilidade e a proporcionalidade devem orientar a aplicação da pena de perdimento sempre que as circunstâncias demonstrarem que o agente não teve a intenção

---

[204] BRASIL. Superior Tribunal de Justiça. REsp 1.072.040/PR. Relator: Ministro Benedito Gonçalves. Brasília, 8 de setembro de 2009. Publicado em: 21.09.2009.

de cometer o ilícito tributário ou quando o valor do veículo apreendido for muito superior ao valor das mercadorias descaminhadas.

Dessa forma, embora esse tribunal reconheça a responsabilidade objetiva como regra, a teor do art. 136 do CTN, e 94, § 2º, do Decreto-Lei n. 37/66, entende que essa responsabilidade comporta temperamentos em matéria tributária punitiva, inclusive quando conjugada com o art. 112 do CTN. Assim é que nos julgamentos relacionados à pena de perdimento, o STJ tem aplicado como muita frequência este artigo e a boa-fé.

Cumpre observar que nas decisões relativas à pena de perdimento de mercadorias e veículos, o STJ ora tem tratado a proporcionalidade e razoabilidade como princípios distintos ora como sinônimos.

4.5 Normas que Condicionam a Prática de Atos da Vida Civil e Empresarial à Quitação de Tributos Federais – ADI 173-6 E 394

Nas ADI n. 173-6 (ajuizada pela CNI) e n. 394 (ajuizada pelo Conselho Federal da OAB) foi arguída a constitucionalidade dos artigos 1º e 2º da Lei n. 7.711, de 22 de dezembro de 1988, que condicionaram a prática de atos da vida civil e empresarial à quitação de créditos tributários. Argumentaram os impetrantes que as normas impugnadas violavam o direito fundamental ao livre acesso ao Poder Judiciário (CF, art. 5º, XXXV) e caracterizavam-se como sanções políticas.

O STF, por unanimidade, declarou a inconstitucionalidade do art. 1º, incisos I, III, IV, §§ 1º a 3º, e art. 2º da Lei n. 7.711/88, que dispunham sobre a obrigatoriedade da apresentação de certidões comprobatórias de quitação de créditos tributários exigíveis das empresas que precisassem formalizar operações de crédito, registrar contratos em cartórios ou formalizar alterações contratuais nas juntas comerciais, assim como transferência de domicílio para o exterior. Eis a íntegra da ementa do acórdão:

> EMENTA: CONSTITUCIONAL. DIREITO FUNDAMENTAL DE ACESSO AO JUDICIÁRIO. DIREITO DE PETIÇÃO. TRIBUTÁRIO E POLÍTICA FISCAL. REGULARIDADE FISCAL. NORMAS QUE CONDICIONAM A PRÁTICA DE ATOS DA VIDA CIVIL E EMPRESARIAL À QUITAÇÃO DE CRÉDITOS TRIBUTÁRIOS. CARACTERIZAÇÃO ESPECÍFICA COMO SANÇÃO POLÍTICA.
> AÇÃO CONHECIDA QUANTO À LEI FEDERAL 7.711/1988, ART. 1º, I, III E IV, PAR. 1º A 3º, E ART. 2º.

1. Ações diretas de inconstitucionalidade ajuizadas contra os arts. 1º, I, II, III e IV, par. 1º a 3º e 2º da Lei 7.711/1988, que vinculam a transferência de domicílio para o exterior (art. 1º, I), registro ou arquivamento de contrato social, alteração contratual e distrato social perante o registro público competente, exceto quando praticado por microempresa (art. 1º, III), registro de contrato ou outros documentos em Cartórios de Registro de Títulos e Documentos (art. 1º, IV, a), registro em Cartório de Registro de Imóveis (art. 1º, IV, b) e operação de empréstimo e de financiamento junto a instituição financeira, exceto quando destinada a saldar dívidas para com as Fazendas Nacional, Estaduais ou Municipais (art. 1º, IV, c) – estas três últimas nas hipóteses de o valor da operação ser igual ou superior a cinco mil Obrigações do Tesouro Nacional – à quitação de créditos tributários exigíveis, que tenham por objeto tributos e penalidades pecuniárias, bem como contribuições federais e outras imposições pecuniárias compulsórias.
2. Alegada violação do direito fundamental ao livre acesso ao Poder Judiciário (art. 5º, XXXV da Constituição), na medida em que as normas impedem o contribuinte de ir a juízo discutir a validade do crédito tributário. Caracterização de sanções políticas, isto é, de normas enviesadas a constranger o contribuinte, por vias oblíquas, ao recolhimento do crédito tributário.
3. Esta Corte tem historicamente confirmado e garantido a proibição constitucional às sanções políticas, invocando, para tanto, o direito ao exercício de atividades econômicas e profissionais lícitas (art. 170, par. ún., da Constituição), a violação do devido processo legal substantivo (falta de proporcionalidade e razoabilidade de medidas gravosas que se predispõem a substituir os mecanismos de cobrança de créditos tributários) e a violação do devido processo legal manifestado no direito de acesso aos órgãos do Executivo ou do Judiciário tanto para controle da validade dos créditos tributários, cuja inadimplência pretensamente justifica a nefasta penalidade, quanto para controle do próprio ato que culmina na restrição. É inequívoco, contudo, que a orientação firmada pelo Supremo Tribunal Federal não serve de escusa ao deliberado e temerário desrespeito à legislação tributária. Não há que se falar em sanção política se as restrições à prática de atividade econômica objetivam combater estruturas empresariais que têm na inadimplência tributária sistemática e consciente sua maior vantagem concorrencial. Para ser tida como inconstitucional, a

restrição ao exercício de atividade econômica deve ser desproporcional e não-razoável.
4. Os incisos I, III e IV do art. 1º violam o art. 5º, XXXV da Constituição, na medida em que ignoram sumariamente o direito do contribuinte de rever em âmbito judicial ou administrativo a validade de créditos tributários. Violam, também o art. 170, par. ún. da Constituição, que garante o exercício de atividades profissionais ou econômicas lícitas.
Declaração de inconstitucionalidade do art. 1º, I, III e IV da Lei 7.711/'988.
Declaração de inconstitucionalidade, por arrastamento dos parágrafos 1º a 3º e do art. 2º do mesmo texto legal.
[...]
Ações Diretas de Inconstitucionalidade parcialmente conhecidas e, na parte conhecida, julgadas procedentes.[205]

Entendeu, a Suprema Corte brasileira, que se tratava, na espécie, de sanção política.

Considerou que a finalidade do ato era constranger o contribuinte ao pagamento de impostos.

Em seu voto o relator, Ministro Joaquim Barbosa, referindo-se a precedentes do STF que consideram inválidas as sanções políticas, firmou seu conceito sobre sanção política no seguinte sentido: "entende-se por sanção política as restrições não razoáveis ou desproporcionais ao exercício de atividade econômica ou profissional lícita, utilizadas como forma de indução ou coação ao pagamento de tributo".

4.5.1 Análise das ADI 173-6 e 394

Observa-se no acórdão o enquadramento da proporcionalidade e razoabilidade na cláusula do devido processo legal substantivo.

Conforme consta do item 3 da ementa do julgado acima transcrito, "para ser tida como inconstitucional, a restrição ao exercício de atividade econômica deve ser desproporcional e não razoável". Vê-se nesse excerto, a necessidade da desproporcionalidade da medida para que seja considerada inconstitucional, o que restou configurado no caso, eis

---

[205] BRASIL. Supremo Tribunal Federal. Ação Direta de Inconstitucionalidade n. 173-6/DF. Relator: Ministro Joaquim Barbosa. Julgamento: 25 set. 2008. Órgão julgador: Tribunal Pleno. Publicação: Divulgação: 19. mar. 2009. DJe-053.

que a norma exigia a comprovação de quitação dos débitos fiscais e não a prova de regularidade fiscal, que contemplaria as situações em que o débito, apesar de não quitado, estaria sendo discutido administrativa ou judicialmente e com sua exigibilidade suspensa, hipótese prevista no art. 206 do CTN.

4.6 Regularidade Fiscal para Manutenção de Registro Especial – AC 1.657-MC E RE 550.769

A Ação Cautelar n. 1.657- MC e o Recurso Extraordinário n. 550.769 configuraram um dos casos mais emblemáticos de manutenção, pelo STF, de sanção restritiva de atividade econômica. O que se discutiu nessas ações foi se constituía ou não sanção política a cassação, pela então Secretaria da Receita Federal, de registro especial para a fabricação e comercialização de cigarros, em razão de descumprimento de obrigações tributárias por parte da empresa.[206]

Nessas ações estava em questão a constitucionalidade do Decreto-Lei n. 1.593, de 21 de dezembro de 1977, que dispõe que a fabricação de cigarros classificados no item 2402.20.00 da Tabela do IPI somente pode ser exercida pelas empresas que mantiverem registro especial na Receita Federal. Por sua vez, a concessão do registro especial está condicionada à regularidade fiscal da pessoa jurídica requerente.

Constatados pela Fiscalização débitos do fabricante de valor relevante, notadamente de Imposto sobre Produtos Industrializados (IPI), e não regularizada sua situação fiscal no prazo concedido pela Receita Federal, a empresa ajuizou Medida Cautelar preparatória junto à Justiça Federal visando assegurar seu direito ao livre exercício de atividade econômica, sob o fundamento de que a Constituição Federal não permite que o Estado adote medidas que impliquem o embaraço e a vedação do exercício profissional como instrumentos para coagir o sujeito passivo à observância das obrigações tributárias. De acordo com o entendimento

---

[206] O cancelamento do registro estava amparado pelo inciso II do art. 2º do Decreto-Lei n. 1.593/77, que assim dispõe:
Art. 2º O registro especial poderá ser cancelado, a qualquer tempo, pela autoridade concedente, se, após a sua concessão, ocorrer um dos seguintes fatos:
[...] II – não-cumprimento de obrigação tributária principal ou acessória, relativa a tributo ou contribuição administrado pela Secretaria da Receita Federal; (redação dada pela Lei n. 9.882, de 1999).

da fabricante, o cancelamento de registro especial em decorrência de descumprimento de obrigação tributária é norma não recepcionada pela Constituição, em razão de afronta aos artigos 5º, incisos XIII e LIV, e 170.

Concedida a medida cautelar, a fabricante ingressou com ação principal, cuja sentença também lhe foi favorável. A União Federal apelou da decisão de primeira instância, a qual foi reformada pelo Tribunal Regional Federal da 2ª Região, que considerou válida a exigência de rigorosa regularidade fiscal imposta às fabricantes de cigarros, justificada pela magnitude da arrecadação e pelo impacto na saúde pública.

Do acórdão proferido pelo TRF da 2ª Região, a fabricante interpôs Recurso Extraordinário, alegando violação do direito constitucional à liberdade de trabalho, de comércio e de indústria, bem como dos princípios da razoabilidade e da proporcionalidade. A recorrente fundamentou seu recurso também nas Súmulas 70, 323 e 547 do STF.

Antes, porém, da interposição do Recurso Extraordinário, a recorrente ajuizou medida cautelar perante o tribunal de origem, visando a obtenção de liminar que atribuísse efeito suspensivo ao recurso, pretensão que foi acolhida pelo Vice- Presidente do tribunal. A União interpôs agravo de instrumento contra referida decisão, o qual foi reconhecido pela Presidência do tribunal.

A fabricante também ingressou com Medida Cautelar junto ao STF com o intuito de atribuir efeito suspensivo ao Recurso Extraordinário, alegando que a ausência da medida acarretaria o encerramento de suas atividades e a impossibilidade de fazer face a seus compromissos, tais como o pagamento de empregados, de fornecedores e o adimplemento de obrigações tributárias diversas.

A União Federal, por sua vez, requereu o indeferimento da liminar pleiteada, apoiando-se na constitucionalidade do Decreto-Lei n. 1.593/77.

Ao analisar a Medida Cautelar, o Ministro Joaquim Barbosa, relator do acórdão, concedeu a liminar para atribuir efeito suspensivo ao Recurso Extraordinário, sob o argumento de que o cancelamento do registro especial seria de extrema gravidade e de abrangente repercussão, cujos efeitos seriam de difícil reversão.

O Ministro Cezar Peluso, por sua vez, não concedeu a liminar, alegando a ausência do requisito do *periculum in mora*. De acordo com seu entendimento, as exigências previstas no referido diploma legal são razoáveis e válidas, sendo que o descumprimento de quaisquer destas exigências subtrai a licitude da produção de cigarros.

Em seu voto, esse Ministro referiu que o Decreto-Lei nº 1.593/77 outorga exclusivamente aos detentores de regime especial o direito de exercer a atividade de fabricação de cigarros, cuja produção é meramente tolerada pelo Poder Público. Neste sentido, a função do Decreto-Lei seria resguardar o interesse específico da administração tributária no controle da produção de cigarros, sendo que este controle não é exclusivamente de natureza fiscal-arrecadatória.

Para o Ministro Cezar Peluso, a finalidade extrafiscal que legitima os procedimentos do Decreto-Lei nº 1.593/77 é a defesa da livre concorrência, imperativo de ordem constitucional previsto no inciso IV do artigo 170, e da livre iniciativa, fazendo-se necessária a presença de um Estado regulador e fiscalizador, capaz de disciplinar a competitividade enquanto fator relevante na formação de preços. No que concerne ao IPI, lembrou o Ministro que o cigarro, produto supérfluo e gravemente danoso à saúde, é fortemente tributado na produção pelo imposto, por força do critério da seletividade em função da essencialidade. Em razão da alíquota elevada, o IPI incidente na indústria de tabaco configura-se como tributo extrafiscal proibitivo, na medida em que busca reduzir os níveis de consumo do produto pela população.

Quanto ao argumento da Recorrente de que o cancelamento de seu registro seria uma sanção política, entendeu o Ministro que, havendo descumprimento substancial, reiterado e injustificado de obrigação tributária principal ou acessória, como no caso em tela, a medida não se encaixa no conceito jurisprudencial de sanção política, tendo em vista que o meio restritivo adotado pelo poder público buscava o controle da fabricação e da comercialização de cigarros, garantindo uma coexistência harmônica das liberdades.

O Ministro Cezar Peluso assim relacionou a inexistência de sanção política com o princípio da razoabilidade:

> [...] Noutras palavras, conquanto se reconheça e reafirme a aturada orientação desta Corte que, à luz da ordem constitucional, não admite imposição de sanções políticas tendentes a compelir contribuinte inadimplente a pagar tributo, nem motivadas por descumprimentos de menor relevo,

estou convencido de que não se configura, aqui, caso estreme de sanção política, diante, não só de finalidade jurídica autônoma de que se reveste a norma, em tutela da livre concorrência, mas também de sua razoabilidade, porque, conforme acentua TÉRCIO SAMPAIO FERRAZ JÚNIOR, coexistem aqui os requisitos da necessidade ("em setor marcado pela sonegação de tributos e falsificação do produto, o aproveitamento de técnicas capazes de facilitar a fiscalização e a arrecadação é uma exigência indispensável"), da adequação ("o registro especial, sob condição de regularidade fiscal, é específico para a sua destinação, isto é, o controle necessário da fabricação de cigarros") e da proporcionalidade (não há excesso, pois a prestação limita-se ao "suficiente para atingir os fins colimados").[207]

Por fim, o Ministro concluiu que as Súmulas 70, 323 e 547 não se aplicavam ao caso em análise em função de diversas peculiaridades, entre elas a existência de justificativa extrafiscal para a exigência de regularidade tributária, que é proporcional e razoável à vista das características do mercado da indústria de cigarros.

À exceção dos Ministros Marco Aurélio, Sepúlveda Pertence e Celso de Mello, os demais acompanharam o voto do Ministro Cezar Peluso, indeferindo a liminar.[208]

No julgamento do RE 550.769, o Pleno do STF entendeu, por maioria, pela constitucionalidade do referido cancelamento, sob o funda-

---

[207] BRASIL. Supremo Tribunal Federal. AC 1657-MC. Relator Ministro Joaquim Barbosa. Relator para Acórdão Min. Cezar Peluso. Julgamento: 27 jun. 2007. Órgão Julgador: Tribunal Pleno. Divulgação: 30.08. 2007. Publicação: DJe-092; DJ 31.08.2007, p. 286.

[208] Eis a ementa do acórdão: EMENTA: RECURSO EXTRAORDINÁRIO. Efeito suspensivo. Inadmissibilidade. Estabelecimento industrial. Interdição pela Secretaria da Receita Federal. Fabricação de cigarros. Cancelamento do registro especial para produção. Legalidade aparente. Inadimplemento sistemático e isolado da obrigação de pagar Imposto sobre Produtos Industrializados – IPI. Comportamento ofensivo à livre concorrência. Singularidade do mercado e do caso. Liminar indeferida em ação cautelar. Inexistência de razoabilidade jurídica da pretensão. Votos vencidos. Carece de razoabilidade jurídica, para efeito de emprestar efeito suspensivo a recurso extraordinário, a pretensão de indústria de cigarros que, deixando sistemática e isoladamente de recolher o Imposto sobre Produtos Industrializados, com conseqüente redução do preço de venda da mercadoria e ofensa à livre concorrência, viu cancelado o registro especial e interditado o estabelecimento. (Supremo Tribunal Federal. AC 1657-MC. Relator Ministro Joaquim Barbosa. Relator para Acórdão Min. Cezar Peluso. Julgamento: 27.06. 2007. Órgão Julgador: Tribunal Pleno. Divulgação: 30.08. 2007. Publicação: DJe-092; DJ 31.08. 2007).

mento de que o descumprimento reiterado e sistemático da obrigação de pagar o IPI atenta contra a livre concorrência, especialmente levando-se em conta a elevada carga tributária incidente sobre o produto, configurando o não pagamento uma vantagem competitiva indevida. Nessa perspectiva, a medida não se enquadraria como sanção política.

O Plenário, ao entender não constituir sanção política, admitiu a interdição de estabelecimento por meio de cancelamento de registro especial, em face de seu inadimplemento tributário, com fundamento no Decreto-Lei n. 1.593/77.

Os Ministros do STF assentaram o entendimento da penalidade de cancelamento do registro especial da empresa como um "efeito de inidoneidade manifesta por descumprimento reiterado de obrigação tributária principal"[209], em razão das características que envolvem a atividade tabagista.

Em virtude do danoso consumo de tabaco, considerou-se que a sua produção e comercialização é atividade simplesmente permitida/tolerada pelo Estado, que admite sua prática mediante a imposição de uma série de condições, considerando a especialidade da atividade tabagista.

Em seu voto, o relator, Ministro Joaquim Barbosa, aplicou os subprincípios da proporcionalidade, reputando que todas as três salvaguardas constitucionais foram atendidas, e, portanto, a interpretação dada pela então Secretaria da Receita Federal ao art. 2º, inciso II, do Decreto-Lei n. 1.593/1977, não reduz a norma ao *status* de sanção política.

O Ministro Cezar Peluso considerou que na espécie não estava caracterizada uma sanção política em função da singularidade do mercado e do próprio caso, o que inibiria a razoabilidade jurídica do pedido. O voto desse Ministro foi seguido pela maioria dos Ministros da Suprema Corte brasileira.[210]

Eis a ementa desse julgado:

> CONSTITUCIONAL. TRIBUTÁRIO. SANÇÃO POLÍTICA. NÃO-PAGAMENTO DE TRIBUTO. INDÚSTRIA DO CIGARRO. REGISTRO

---

[209] Cf consta do voto do Ministro Carlos Ayres Britto, na AC 1.657-MC/RJ.
[210] Essa questão foi objeto da Ação Direta de Inconstitucionalidade 3.952, com voto-vista da Ministra Cármen Lúcia. O julgamento desta ADI conta apenas com o voto do Ministro aposentado Joaquim Barbosa.

ESPECIAL DE FUNCIONAMENTO. CASSAÇÃO. DECRETO-LEI 1.593/1977, ART. 2º, II.
1. Recurso extraordinário interposto de acórdão prolatado pelo Tribunal Regional Federal da 2ª Região, que reputou constitucional a exigência de rigorosa regularidade fiscal para manutenção do registro especial para fabricação e comercialização de cigarros (DL 1.593/1977, art. 2º, II).
2. Alegada contrariedade à proibição de sanções políticas em matéria tributária, entendidos como qualquer restrição ao direito fundamental de exercício de atividade econômica ou profissional lícita. Violação do art. 170 da Constituição, bem como dos princípios da proporcionalidade e da razoabilidade.
3. A orientação firmada pelo Supremo Tribunal Federal rechaça a aplicação de sanção política em matéria tributária. Contudo, para se caracterizar como sanção política, a norma extraída da interpretação do art. 2º, II, do Decreto-lei 1.593/1977 deve atentar contra os seguintes parâmetros: (1) relevância do valor dos créditos tributários em aberto, cujo não pagamento implica a restrição ao funcionamento da empresa; (2) manutenção proporcional e razoável do devido processo legal de controle do ato de aplicação da penalidade; e (3) manutenção proporcional e razoável do devido processo legal de controle da validade dos créditos tributários cujo não-pagamento implica a cassação do registro especial.
4. Circunstâncias que não foram demonstradas no caso em exame.
5. Recurso extraordinário conhecido, mas ao qual se nega provimento.[211]

Conforme se infere da nova orientação jurisprudencial do STF, a medida restritiva de direito assumiria o caráter de sanção política quando consubstanciar meio coercitivo desproporcional para exigir, indiretamente, o pagamento dos tributos sem o devido processo legal e afrontando liberdades e direitos garantidos na Magna Carta, exceto se restar comprovada, no caso concreto, a prática desenfreada e contínua de infrações tributárias, configurando situação típica de concorrência desleal.[212]

Prevaleceu no julgamento o entendimento de que o inadimplemento contumaz das obrigações tributárias representava, em si, um compor-

---

[211] BRASIL. Supremo Tribunal Federal. Recurso Extraordinário 550.769. Relator Min. Joaquim Barbosa. Julgamento: 28.02.2008. Publicação: 27.02.2013.
[212] PADILHA, Maria Ângela Lopes Paulino. As sanções no direito tributário. São Paulo: Noeses, 2015, p.178.

tamento ofensivo à livre concorrência, a ponto de justificar o cancelamento do registro da fabricante de cigarros. No embate entre os direitos fundamentais da livre iniciativa e da livre concorrência, prevaleceu este último.

Neste julgado ficaram bem demonstrados os motivos que impuseram a mudança de orientação do Tribunal. Conforme se verifica dos julgados das ações cautelar e principal, foram fundamentais na desqualificação do caso como sanções políticas a questão da concorrência – que constituiu nova argumentação à apreciação dos regimes especiais de fiscalização, e a questão relativa ao abuso do direito.

Conforme afirmou o Ministro Lewandowski, em seu voto no RE 550.769: "Em que pese a orientação desta corte a respeito da sanção política, tal entendimento não contempla o descumprimento reiterado de obrigação tributária".

No mesmo sentido foi o voto do Ministro Joaquim Barbosa: "Não há que se falar em sanção política se as restrições à prática da atividade econômica objetivam combater estruturas empresariais que têm na inadimplência tributária sistemática e consciente sua maior vantagem concorrencial".

4.6.1 Análise da AC 1.657-MC e do RE 550.769

Os julgados em questão não cuidaram de tema estritamente tributário. Com efeito, verificou-se um conflito entre, de um lado, a liberdade de iniciativa da empresa inadimplente e, de outro, a finalidade fiscal (arrecadatória) e duas finalidades extrafiscais: a defesa da livre concorrência e a tutela da saúde pública, tendo prevalecido estas últimas.

Neste julgado ficaram bem demonstrados os motivos que impuseram a mudança de orientação do Tribunal.

Conforme se verifica dos julgados das ações cautelar e principal, foram fundamentais na desqualificação do caso como sanções políticas a questão da concorrência – que constituiu nova argumentação à apreciação dos regimes especiais de fiscalização –, e a questão relativa ao abuso do direito.

O abuso do direito de empresa, através da criação voluntária e planejada da situação de inadimplência, autorizaria a utilização do regime especial.

Conforme afirmou o Ministro Lewandowski, em seu voto no RE 750.769: "Em que pese a orientação desta corte a respeito da sanção política, tal entendimento não contempla o descumprimento reiterado de obrigação tributária".

O voto do Ministro Cezar Peluso trouxe importante precedente para o questionamento das discussões sobre as sanções políticas, relativizando direitos fundamentais do contribuinte (no caso, os princípios da liberdade de iniciativa e do livre exercício da profissão), para que se cumprisse a condição legal de funcionamento de empresa. Em seu voto, esse Ministro considera a proporcionalidade e razoabilidade como sinônimos.

Os Ministros Cezar Peluso, Joaquim Barbosa e Celso de Mello fundamentaram sua decisão no princípio da proporcionalidade.

4.7 Protesto Extrajudicial de Certidões de Dívida Ativa – ADI 5.135-DF

A Confederação Nacional da Indústria (CNI) ajuizou perante o STF a ADI n. 5.135-DF, questionando a constitucionalidade do parágrafo único do artigo 1º da Lei n. 9.492/97, inserido pela Lei n. 12.767/12, que inclui as Certidões de Dívida Ativa – CDA no rol dos títulos sujeitos a protesto.[213]

Em síntese, para fundamentar o pedido de anulação desse dispositivo legal, a CNI alegou inconstitucionalidade tanto formal como material. Inconstitucionalidade formal, por ofensa ao devido processo legislativo (CF, artigos 59 e 62) e à separação de poderes (CF, art. 2º), uma vez que o dispositivo impugnado foi inserido, por emenda, em medida provisória que versava sobre o serviço público de energia elétrica (MP n. 577/2012, convertida na Lei n. 12.767/2012), logo, sem guardar pertinência temática. E inconstitucionalidade material, por entender que o protesto de CDA constitui uma "sanção política" que implica uma restrição ilegítima a direitos fundamentais do contribuinte para coagir o devedor ao pagamento da dívida tributária. Dentre os princípios tidos como violados, foi arguido o da proporcionalidade, sob o argumento de

---

[213] Eis a redação do dispositivo impugnado: "Parágrafo único. Incluem-se entre os títulos sujeitos a protesto as Certidões de Dívida Ativa da União, dos Estados, do Distrito Federal, dos Municípios e das respectivas autarquias e fundações públicas. (Incluído pela Lei n. 12.767, de 2012)".

que o protesto de CDAs constituiria meio inadequado para alcançar as finalidades do instituto, e desnecessário, uma vez que a execução fiscal seria meio de cobrança menos gravoso para o contribuinte.

O Plenário do STF, por maioria, entendeu que é constitucional o protesto de CDA, tanto do ponto de vista formal quanto material. Para os Ministros, trata-se de mecanismo legítimo que não restringe de forma desproporcional quaisquer direitos fundamentais garantidos aos contribuintes e, assim, não representa sanção política.[214]

Ressaltaram os Ministros que: (i) a publicidade conferida ao débito tributário não impede o funcionamento da empresa; (ii) não há violação ao devido processo legal, porque o protesto é meio extrajudicial para satisfação do crédito e não impossibilita o contribuinte de questionar judicialmente a validade do crédito; e (iii) o mecanismo é adequado por viabilizar a desjudicialização das cobranças de dívida ativa pela Fazenda Pública, além de ser eficaz para a adimplência dos devedores. Por fim, os Ministros destacaram que o protesto é meio menos invasivo do que uma ação de execução fiscal, na qual é possível a penhora de bens do devedor, sendo, de todo modo, recomendável à Administração a edição de ato infralegal que permita, a partir de parâmetros previamente estabelecidos, a identificação dos créditos que serão protestados.

Em seu voto, o relator, Ministro Luis Roberto Barroso, aplicou o princípio da proporcionalidade de forma estruturada, conforme trechos da ementa em que está resumida essa análise:

> 3. Tampouco há inconstitucionalidade material na inclusão das CDAs no rol dos títulos sujeitos a protesto. Somente pode ser considerada "sanção política" vedada pelo STF (cf. Súmulas n. 70, 323 e 547) a medida coercitiva do recolhimento do crédito tributário que restrinja direitos fundamentais dos contribuintes devedores de forma desproporcional e irrazoável, o que não ocorre no caso do protesto de CDAs.
> 3.1 [...]
> 3.2 Em *segundo lugar*, o dispositivo legal impugnado não viola o princípio da proporcionalidade. A medida é *adequada*, pois confere maior publici-

---

[214] Ressalte-se que antes desse julgamento o STJ, por meio do REsp 1.126.515/PR, também já havia declarado a legalidade do protesto da CDA (REsp 1.126.515/PR, Rel. Ministro Herman Benjamin, 2ª Turma, julgado em 03/12/2013, DJe 16/12/2013).

dade ao descumprimento das obrigações tributárias e serve como importante mecanismo extrajudicial de cobrança, que estimula a adimplência, incrementa a arrecadação e promove a justiça fiscal. A medida é *necessária*, pois permite alcançar os fins pretendidos de modo menos gravoso para o contribuinte (já que não envolve penhora, custas, honorários, etc.) e mais eficiente para a arrecadação tributária em relação ao executivo fiscal (que apresenta alto custo, reduzido índice de recuperação dos créditos públicos e contribui para o congestionamento do Poder Judiciário). A medida é *proporcional em sentido estrito*, uma vez que os eventuais custos do protesto de CDA (limitações creditícias) são compensados largamente pelos seus benefícios, a saber: (i) a maior eficiência e economicidade na recuperação dos créditos tributários, (ii) a garantia da livre concorrência, evitando-se que agentes possam extrair vantagens competitivas indevidas da sonegação de tributos, e (iii) o alívio da sobrecarga de processos do Judiciário, em prol da razoável duração do processo.[...] (grifos do autor).

Concluiu esse ministro que não basta que uma medida coercitiva do recolhimento do crédito tributário restrinja direitos dos contribuintes devedores para que seja considerada uma sanção política; exige-se, além disso, que tais restrições sejam reprovadas no exame de "proporcionalidade e razoabilidade". Refere que, por isso, tem-se definido as sanções políticas como "restrições estatais, que, fundadas em exigências que transgridem os postulados da razoabilidade e da proporcionalidade em sentido estrito, culminam por inviabilizar, sem justo fundamento, o exercício, pelo sujeito passivo da obrigação tributária, de atividade econômica ou profissional lícita" (RE 374.981, Rel. Min. Celso de Mello). Menciona o relator diversos precedentes que indicam que é o princípio da proporcionalidade que subjaz às Súmulas n. 70, 323 e 547 (RE 413.782, AgR no RE 370.212, ADI 173 e RE 550.769).

Concluiu, o Ministro relator, à luz da jurisprudência do STF, que o protesto de Certidões de Dívida Ativa não configura uma "sanção política", já que não constitui medida coercitiva indireta que restrinja, de modo irrazoável ou desproporcional, direitos fundamentais dos contribuintes, com o objetivo de forçá-los a quitar seus débitos tributários, sendo, portanto, tal instrumento de cobrança, constitucional.

4.7.1 Análise da ADI 5.135-DF

Essa é mais uma decisão na qual o princípio da proporcionalidade foi aplicado com seus subprincípios adequação, necessidade e proporcionalidade em sentido estrito.

Nesta ação[215], diferentemente das anteriormente analisadas, arguiu-se a violação ao princípio da proporcionalidade, o que mereceu do relator uma análise particularizada de seus subprincípios.

Em seu voto ficou assentado o entendimento do Ministro Roberto Barroso no sentido de que proporcionalidade e razoabilidade são sinônimos.

4.8 Análise Geral das Decisões

Dos acórdãos acima examinados, conclui-se que o STF e o STJ têm recorrido à razoabilidade e à proporcionalidade para solucionar controvérsias relativas a sanções tributárias.

Nos arestos aqui apresentados, proferidos pelo STF, constata-se que o princípio da proporcionalidade não foi utilizado como critério autônomo de determinação de uma relação de inconstitucionalidade, ou seja, como norma material, com exceção da ADI 5.135-DF. Sempre havia um interesse, bem ou direito constitucionalmente protegido a justificar a inconstitucionalidade do ato estatal. Através do recurso a este princípio tornou-se possível concluir que determinado direito consagrado na Constituição foi violado. Prevaleceu, portanto, a natureza formal do princípio.

Assim, na análise da ADI-MC 1075/DF, não foi a proporcionalidade como um direito material que foi violada, mas o princípio de vedação ao confisco. Na AC 1.657-MC e no RE 550.769, observou-se a tensão entre os princípios da liberdade de iniciativa e do livre exercício da profissão de um lado e o da livre concorrência de outro, tendo a proporcionalidade sido evocada para a solução do conflito.

Na análise das ADI 173-6 e 394, conforme o voto do relator, foram violados os princípios da unidade de jurisdição, do livre exercício de atividades profissionais ou econômicas lícitas e do devido processo legal

---

[215] BRASIL. Supremo Tribunal Federal. Ação Direta de Inconstitucionalidade n. 5.135-DF. Relator: Roberto Barroso. Brasília, 09 de novembro de 2016.

substantivo, ficando subentendido que aí estão compreendidos os princípios da proporcionalidade e da razoabilidade.

Já na ADI 5.135-DF, diferentemente dos acórdãos anteriormente analisados, o princípio da proporcionalidade foi tido pelo autor como violado, o que mereceu do relator uma análise particularizada de seus subprincípios. O que foi questionado foi o próprio conteúdo em si do princípio, servindo ele próprio como fundamento para a declaração de constitucionalidade da norma, não obstante a alegação de outros princípios tidos como violados (devido processo legal, livre iniciativa, liberdade profissional e função social da propriedade), ressaltando aqui seu caráter material.

Observa-se que, em matéria de penalidades tributárias, o STF tem utilizado com mais frequência os subprincípios da proporcionalidade (adequação, necessidade e proporcionalidade em sentido estrito), dando mais objetividade e segurança jurídica às decisões.

Vê-se que o instrumento tradicional do STF para enfrentar questões relativas a multas abusivas é o princípio da vedação ao confisco. A proporcionalidade e a razoabilidade entram como argumentos secundários.

Quanto ao emprego da pena de perdimento, tem o STJ decidido no sentido de que o juízo de proporcionalidade, com o exame do dano efetivo ao erário e da culpabilidade na conduta, se faz imprescindível para autorizar a sua aplicação, o que só pode ser verificado na análise do caso concreto. Neste Tribunal, a proporcionalidade e a razoabilidade são utilizadas de forma simplista, como mero recurso de retórica. Não se observou nenhuma situação de aplicação dos subprincípios da proporcionalidade.

Já no campo das sanções políticas, o STF tem historicamente confirmado e garantido a proibição dessas sanções invocando, para tanto, o direito ao exercício de atividades econômicas e profissionais lícitas, a violação do devido processo legal substantivo (falta de proporcionalidade e razoabilidade de medidas gravosas que se predispõem a substituir os mecanismos de cobrança de créditos tributários) e a violação do devido processo legal, ressaltando, contudo, que não há que se falar em sanção política se as restrições à prática de atividade econômica objetivam combater estruturas empresariais que têm na inadimplência tributária sistemática e consciente sua maior vantagem concorrencial.[216]

---

[216] Conforme ficou demonstrado no exame da Ação Cautelar 1.671/2010 e do RE 550.769.

Observa-se que tais sanções são repudiadas pelo STF não em abstrato, senão caso a caso, em vista das exigências dos princípios em tela e das peculiaridades do caso concreto.

Capítulo 5
Aplicação dos Princípios da Proporcionalidade e da Razoabilidade na Jurisprudência Tributária Administrativa em Face das Sanções Tributárias

Neste Capítulo se verá a aplicação dos princípios da proporcionalidade e da razoabilidade no âmbito administrativo fiscal federal. Antes, porém de adentrar nessa questão, cabe alguns esclarecimentos sobre o modelo de contencioso no Brasil.

O Brasil adota o sistema de jurisdição una. Esse sistema, que tem por base o modelo inglês, significa que a função jurisdicional é monopólio do Poder Judiciário sendo que, de sua apreciação, não pode ser excluída qualquer lesão ou ameaça a direito (CF, art. 5º, inciso XXXV).

No modelo brasileiro, o acesso às instâncias administrativas é uma faculdade, pois o uso de tal alternativa não resultará em uma decisão final acerca do litígio (uma vez que a decisão administrativa não faz coisa julgada). Esse modelo não impõe limitação ao acesso ao âmbito judicial nem à amplitude do que pode vir a ser discutido judicialmente.

A legitimidade da atuação desses tribunais administrativos origina-se da própria Constituição Federal. O art. 5º, inciso LV, da CF, atribui *status* constitucional ao processo administrativo tributário ao estabelecer:

> LV- aos litigantes, em processo judicial ou administrativo, e aos acusados em geral são assegurados o contraditório e ampla defesa, com os meios e recursos a ela inerentes;

O texto constitucional, ao empregar as expressões "litigantes" e "processo administrativo", e nele garantir o exercício dos direitos ao "contraditório" e à "ampla defesa", explicita a existência de "lide administrativa", e confere competência ao processo administrativo para prevenção de conflitos de interesses que envolvam a Administração Pública.

A finalidade do processo administrativo tributário é o controle de legalidade do lançamento. Visa a acertar a relação tributária entre o Fisco (sujeito ativo) e o contribuinte (sujeito passivo).

Assim, no sistema brasileiro os tributos podem ser questionados não apenas no processo judicial, mas também na via administrativa, iniciando na RFB, em suas unidades de julgamento de primeira instância, que são as Delegacias da Receita Federal do Brasil de Julgamento, órgão colegiado, e termina no CARF, órgão de segunda e última instância desse processo.

O CARF é um órgão federal[217] com competência para julgar recursos, de ofício e voluntários, contra decisões de primeira instância, bem como recursos especiais sobre a aplicação da legislação referente a tributos administrados pela RFB. Esse órgão tem composição paritária, contando com representantes da Fazenda Nacional e dos contribuintes.

Um dos temas mais controvertidos no contencioso administrativo fiscal refere-se aos limites do julgador.

Constituem limitações à interpretação no contencioso administrativo:

(i) o princípio da legalidade;
(ii) a responsabilidade objetiva prevista no art. 136 do CTN;
(iii) a vedação ao julgador, prevista no art. 26-A do Decreto n. 70.235/72, de afastar aplicação de lei que considere inconstitucional.

Conforme João Chinelato[218], diversos precedentes do CARF apontam no princípio da legalidade uma baliza para a atividade hermenêutica no âmbito do processo administrativo.

---

[217] Foi criado pela Medida Provisória n. 449, de 3 de dezembro de 2008, convertida na Lei n. 11.941, de 27 de maio de 2009, e instalado pelo Ministro de Estado da Fazenda mediante a Portaria MF n. 41, de 2009. Esse tribunal administrativo sucedeu o Conselho de Contribuintes do Ministério da Fazenda, criado pelo Decreto n. 16.580, de 4 de setembro de 1924.

[218] CHINELATO, João Marcelo Torres. Interpretação e aplicação do direito pelos tribunais administrativos: conjecturas formuladas a partir da experiência do CARF. 2014. 78 f. Dissertação (Mestrado em Direito) – Universidade Católica de Brasília, Brasília. p. 11.

A jurisprudência desse órgão é no sentido de que o princípio da legalidade constitui limites à liberdade do julgador, em especial em matéria de penalidades. Nesse contexto, se a penalidade resulta da lei, uma vez positivada a norma, é dever da autoridade administrativa aplicá-la, cabendo ao colegiado apenas verificar se a exigência foi efetuada nos termos da lei.

Segundo essa jurisprudência, a Administração Tributária se submete ao princípio da legalidade e, existindo lei que disponha sobre determinado tributo ou penalidade, não há como afastá-la, pois a atividade de lançamento é vinculada e obrigatória, sob pena de responsabilidade funcional (art. 142, parágrafo único, do CTN).

No processo administrativo tributário, o princípio da legalidade é visto em acepção estrita. Contudo, no Estado de Direito a ideia de subordinação à lei é complementada pela ideia de subordinação ao Ordenamento Jurídico como um todo, no sentido de que não existe apenas um dever de obediência à lei, como lei ordinária, antes existe, sobretudo, um dever de obediência a toda manifestação do Direito, incluindo-se a Constituição Federal e demais espécies legislativas.[219]

Nessa toada, estabeleceu o inciso I do parágrafo único do artigo 2º da Lei n. 9.784/99 que nos processos administrativos serão observados, entre outros, os critérios de atuação conforme a lei e o Direito.

Quanto à responsabilidade tributária por infrações, prevista no artigo 136 do CTN, prevalece na doutrina e na jurisprudência do CARF o entendimento de que é objetiva:

> Art. 136. Salvo disposição de lei em contrário, a responsabilidade por infrações da legislação tributária independe da intenção do agente ou do responsável e da efetividade, natureza e extensão dos efeitos do ato.

Nessa corrente, segundo a qual o art. 136 do CTN prescreve, como regra geral, que tanto a culpa como o dolo são prescindíveis para a res-

---

[219] BARACHO, Luiz Fernando. A declaração de inconstitucionalidade de leis e atos normativos no processo administrativo tributário. Revista Eletrônica do Curso de Direito – PUC Minas Serro – n. 8 – jun./dez. 2013, p. 73.

ponsabilidade estão Zelmo Denari[220], Ângela Maria da Motta Pacheco[221] e Maria Ângela Lopes Paulino Padilha[222].

Luciano Amaro[223] faz uma interpretação diversa dos autores aqui mencionados, ao afirmar que o art. 136 do CTN não afasta a discussão da culpa em sentido estrito. Para ele, o preceito questionado diz, em verdade, que a responsabilidade não depende da intenção, o que torna (em princípio) irrelevante a presença de dolo, mas não afasta a discussão da culpa. Se ficar evidenciado que o indivíduo não quis descumprir a lei, e o eventual descumprimento se deveu a razões que escaparam de seu controle, a infração ficará descaracterizada, não cabendo, pois, falar em responsabilidade. Pontua esse mestre:

> [...] Enfim, subjaz à responsabilidade tributária a noção de culpa, pelo menos stritu sensu, pois, ainda que o indivíduo não atue com consciência e vontade do resultado, este pode decorrer da falta de diligência (portanto, de negligência) sua ou de seus prepostos, no trato de seus negócios (pondo-se, aí, portanto, também a culpa *in eligendo* ou *in vigilando*).[224]

Hugo de Brito Machado também rechaça a ideia de responsabilidade tributária objetiva no que se refere às infrações tributárias não delitivas,

---

[220] "[...] quando a fiscalização lavra um auto de imposição para que apure um fato típico – qualificado como ilícito fiscal, por sua contrariedade à legislação vigente – deve limitar-se a comprovar o nexo de causalidade existente entre a conduta e o evento antijurídico, ficando dispensada de provar o nexo introspectivo da vontade, ou seja, se o agente quis o resultado lesivo ou, de qualquer modo, agiu com imprudência ou negligência." DENARI, Zelmo. Infrações tributárias e delitos fiscais. 3. ed. rev. São Paulo: Saraiva, 1998, p. 23.

[221] "Entende-se que o simples descumprimento da obrigação principal 'de dar' ou da obrigação acessória 'de fazer', é suficiente para determinar a responsabilidade do contribuinte. Independe de sua intenção: pagar ou não pagar, escriturar ou não o livro fiscal. O fato objetivo – não pagamento – tipifica a infração. É a responsabilidade objetiva." PACHECO, Ângela Maria da Motta. Sanções tributárias e sanções penais tributárias. São Paulo: Max Limonad, 1997, p. 236.

[222] "Estende-se a interpretação do termo 'intenção' a todo e qualquer aspecto da vontade, abarcando, além do *dolo*, também a *culpa* manifestada pelas modalidades 'imprudência', 'negligência' e 'imperícia' e exigindo apenas o nexo de causalidade entre a conduta e o resultado, sem qualquer valoração subjetiva." PADILHA, Maria Ângela Lopes Paulino. As sanções no direito tributário. São Paulo: Noeses, 2015, p. 79.

[223] AMARO, Luciano. Direito tributário brasileiro. 23. ed. São Paulo: Saraiva, 2019, p. 474-476.

[224] AMARO, Luciano. Direito tributário brasileiro. 23. ed. São Paulo: Saraiva, 2019, p. 475.

eis que tal postura não se coadunaria com sanções que possuem função repressiva e punitiva. Sua teoria parte da ideia de culpa assumida, podendo o agente comprovar que pretendia cumprir o dever, mas só não o fez por razões alheias à sua vontade, mitigando-se a citada objetividade. Assim se manifestou esse autor sobre o tema:

> O art. 136 do CTN não estabelece a responsabilidade objetiva em matéria de penalidades tributárias, mas a responsabilidade por culpa presumida. A diferença é simples. Na responsabilidade objetiva não se pode questionar a respeito da intenção do agente. Já na responsabilidade por culpa presumida tem-se que a responsabilidade independe da intenção apenas no sentido de que não há necessidade de se demonstrar a presença de dolo ou de culpa, mas o interessado pode excluir a responsabilidade fazendo a prova de que, além de não ter a intenção de infringir a norma, teve a intenção de obedecer a ela, o que não lhe foi possível fazer por causas superiores à sua vontade.[225]

Um terceiro obstáculo à liberdade do julgador no âmbito administrativo é a impossibilidade de se conhecer as arguições de inconstitucionalidade de leis no âmbito do processo administrativo tributário, conforme prescreve o art. 26-A do Decreto n. 70.235/72, com a redação dada pela Lei n. 11.941, de 27 de maio de 2009:

> Art. 26-A. No âmbito do processo administrativo fiscal, fica vedado aos órgãos de julgamento afastar a aplicação ou deixar de observar tratado, acordo internacional, lei ou decreto, sob fundamento de inconstitucionalidade.
> § 6º O disposto no *caput* deste artigo não se aplica aos casos de tratado, acordo internacional, lei ou ato normativo:
> I – que já tenha sido declarado inconstitucional por decisão definitiva plenária do Supremo Tribunal Federal;
> II – que fundamente crédito tributário objeto de:
> a) dispensa legal de Constituição ou de ato declaratório do Procurador-Geral da Fazenda Nacional, na forma dos arts. 18 e 19 da Lei n. 10.522, de 19 de julho de 2002;

---

[225] MACHADO, Hugo de Brito. Curso de direito tributário. 40. ed. rev. e ampl. São Paulo: Malheiros, 2019, p. 167.

b) súmula da Advocacia-Geral da União, na forma do art. 43 da Lei Complementar nº 73, de 10 de fevereiro de 1993; ou

c) pareceres do Advogado-Geral da União aprovados pelo Presidente da República, na forma do art. 40 da Lei Complementar nº 73, de 10 de fevereiro de 1993.

Vê-se que, por força do art. 26-A do Decreto n° 70.235/72, é vedado aos órgãos de julgamento, no âmbito do processo administrativo tributário, afastar a aplicação ou deixar de observar tratado, acordo internacional, lei ou decreto, sob fundamento de inconstitucionalidade. Essa norma está reproduzida na Súmula CARF n. 02[226] e no artigo 62 do seu Regimento Interno[227].

O principal argumento da corrente doutrinária que adota a tese esposada no referido art. 62-A é o de que tal atribuição seria exclusiva do Poder Judiciário, e que, por fazerem parte do Poder Executivo, os tribunais administrativos fiscais estariam usurpando atribuição de outro poder, e, portanto, violando a cláusula que estabelece a separação dos poderes (CF, art. 2º), bem como por estarem exercendo cargos no Poder Executivo, os julgadores administrativos devem homenagem ao princípio da presunção da legalidade e da constitucionalidade.

Marcos Vinicius Neder e Maria Teresa Martínez López defendem que a presunção da constitucionalidade no âmbito administrativo impossibilita a apreciação da arguição de inconstitucionalidades:

> [...] Se, por acaso, a fundamentação do ato administrativo baseou-se em norma inconstitucional, o Poder que tem atribuição para examinar a existência de tal vício é o Poder Judiciário. Afinal, presumem-se constitucionais os atos emanados do Legislativo, e, portanto, a eles vinculam-se as autoridades administrativas. Ademais, prevê a Constituição que se o Presidente da República entender que determinada norma a contraria deverá vetá-la (CF, art. 66, § 1º), sob pena de crime de responsabilidade (CF, art. 85), uma vez que, ao tomar posse, comprometeu-se a manter, defender e cumprir a mesma (CF, caput, art. 78). Com efeito, se o Presi-

---

[226] Súmula CARF n. 2: O CARF não é competente para se pronunciar sobre a inconstitucionalidade de lei tributária.

[227] O Regimento Interno do CARF foi aprovado pela Portaria MF n. 343, de 9 de junho de 2015, com alterações posteriores.

dente da República, que é responsável pela direção superior da administração federal, como prescreve o art. 84, II, da CF/88 e tem o dever de zelar pelo cumprimento de nossa Carta Política, inclusive vetando leis que entenda inconstitucionais, decide não o fazer, há a presunção absoluta de constitucionalidade da lei que este ou seu antecessor sancionou ou promulgou.[228]

Uma segunda corrente doutrinária entende que o legislador incorreu em grave erro ao positivar a proibição legal aos tribunais administrativos de negar vigência a lei ou ao ato normativo eivado de inconstitucionalidade, sem que este tenha sido declarado pelo STF, uma vez que o neoconstitucionalismo trouxe a Constituição para o centro do sistema jurídico. Para esta corrente, sendo certo que o processo administrativo também é pautado pelo devido processo legal, conforme expressa previsão constitucional, tem o julgador administrativo condições de analisar o caso concreto e deixar de aplicar determinada norma ao verificar ser a mesma inconstitucional.

Segundo Paulo César Conrado, o Poder Judiciário não é o único titular da função controladora de constitucionalidade:

> Com efeito, também a Administração (o Poder Executivo), através de seus órgãos, tem o dever-poder de zelar pela incolumidade da Constituição da República, quer por ato *ex officio*, quer por provocação do administrado, em grau, por exemplo, de procedimento administrativo. [...] a concepção de Estado de Direito, hoje, deve necessariamente compreender a submissão dos poderes estatais ao Direito, e não apenas à lei, considerada estritamente, o que quer significar que a Administração deve, antes de tudo, guardar absoluto respeito à Constituição, única forma de o valor da legalidade administrativa (que melhor seria chamada de juridicidade, pois que compreende o Direito, repise-se, e não a lei) ser preservado.[229]

No Brasil vigora um sistema híbrido de controle de constitucionalidade das leis e atos normativos, o difuso (ou controle realizado por via

---

[228] NEDER, Marcos Vinicius; LÓPEZ, Maria Teresa Martínez. Processo administrativo fiscal federal comentado. São Paulo: Dialética, 2002, p. 42-43.
[229] CONRADO, Paulo César. Controle de constitucionalidade pelos tribunais administrativos. São Paulo: Malheiros, 1999, p. 196.

de exceção ou concreto), que apenas é exercitável à vista de um litígio posto em juízo, e o concentrado (ou controle por via de ação ou abstrato), exercitável exclusivamente com o fim de obter a invalidação de lei em tese.

Daí constituir questão controvertida, mesmo após a edição do art. 26-A do Decreto nº 70.235/72, a possibilidade de os tribunais administrativos, notadamente aqueles encarregados da solução de lides tributárias, declararem a inconstitucionalidade de atos normativos sem que antes o Poder Judiciário, e o STF em particular, o tenham feito.

Como resultado das restrições apontadas, impostas ao intérprete, o CARF possui um expressivo número de precedentes que rejeitam a análise de argumentos dos litigantes baseados nos princípios da proporcionalidade e da razoabilidade, sendo raras as situações em que os julgadores abrem espaço à apreciação desses princípios, conforme se verá a seguir.

5.1 Multa pelo Registro Extemporâneo no Siscomex de Dados de Embarque – Acórdãos 3802 000.969 e 3802-01.036

Nos acórdãos 3802-000.969 e 3802-01.036 foi decidido caso em que foi aplicada ao contribuinte multa pelo descumprimento do prazo fixado para o registro, no Siscomex, dos dados de embarque da carga. A penalidade está prevista na alínea *e* do inciso IV do art. 107 do Decreto-Lei n. 37/66, com a redação dada pelo art. 77 da Lei n. 10.833/2003:

> Art. 107. Aplicam-se ainda as seguintes multas:
> [...]
> IV de R$ 5.000,00 (cinco mil reais):
> [...]
> e) por deixar de prestar informação sobre veículo ou carga nele transportada, ou sobre as operações que execute, na forma e no prazo estabelecidos pela Secretaria da Receita Federal, aplicada à empresa de transporte internacional, inclusive a prestadora de serviços de transporte internacional expresso porta-a-porta, ou ao agente de carga.

Dentre os argumentos apresentados pelos interessados no recurso voluntário, consta o de que a multa imposta era desproporcional à infração cometida e à própria legislação de regência da matéria.

Ao examinar o recurso concluiu o relator que a conduta praticada pela recorrente se subsumia à hipótese da infração descrita no referido preceito legal, já que a prestação das informações sobre a carga embarcada se deu após o prazo definido à época pela Administração Tributária/Aduaneira.

Sobre esse ponto, assim se manifestou o relator do acórdão:

> Sobre a defendida ofensa ao princípio da proporcionalidade, da razoabilidade, dentre outros, estes são dirigidos ao legislador, e não ao aplicador da lei, o qual, diante da norma existente no mundo jurídico, deverá aplicá-la obrigatoriamente por força do art. 116, inciso III, da Lei 8.112/90, preceito o qual se repete no artigo 41, inciso IV, do Anexo II, do atual Regimento Interno do Conselho Administrativo de Recursos Fiscais, aprovado pela Portaria MF nº 256, de 22/06/2009.

O acórdão 3802-000.969 está assim ementado na parte que interessa a este estudo:

> [...]
> ALEGAÇÃO DE OFENSA A PRINCÍPIOS DIRIGIDOS AO LEGISLADOR. APRESENTAÇÃO DE OUTROS ARGUMENTOS QUE IMPLIQUEM NA VALORAÇÃO DE PRECEITO DISPOSTO EM LEI. INCOMPETÊNCIA DA AUTORIDADE ADMINISTRATIVA PARA AFASTAR NORMA COM BASE EM TAIS ALEGAÇÕES.
> Os princípios (da finalidade, da razoabilidade, da legalidade, dentre outros) são, em regra, dirigidos ao legislador, e não ao aplicador da lei. Este, diante da norma existente no mundo jurídico, deve aplicá-la obrigatoriamente por força do art. 116, inciso III, da Lei 8.112/90, preceito o qual se repete no artigo 41, inciso IV, do Anexo II, do Regimento Interno do Conselho Administrativo de Recursos Fiscais (Portaria n. 256, de 22/06/2009).

No caso do acórdão 3802-01.036, a decisão do CARF está sintetizada na ementa:

> [...]
> INFRAÇÃO ADMINISTRATIVA. MULTA POR DESCUMPRIMENTO DE OBRIGAÇÃO ACESSÓRIA. REGISTRO EXTEMPORÂNEO DOS DADOS DE EMBARQUE. MATERIALIZAÇÃO DA INFRAÇÃO. IMPOSIÇÃO DA MULTA. OBRIGATORIEDADE.

O descumprimento do prazo de 7 (sete) dias fixado normativamente pela Administração Pública para o registro, no Siscomex, dos dados do embarque da carga, subsume-se à hipótese da infração sancionada com a multa regulamentar fixada na alínea "e" do inciso IV do art. 107 do Decreto-lei nº 37, de 1966, com redação dada pelo artigo 77 da Lei nº 10.833, de 2003.
[...]
APRESENTAÇÃO DE ARGUMENTOS QUE IMPLIQUE NA VALORAÇÃO DE PRECEITO DISPOSTO EM LEI. INCOMPETÊNCIA DA AUTORIDADE ADMINISTRATIVA PARA AFASTAR NORMA COM BASE EM TAIS ALEGAÇÕES.
O julgador administrativo não pode valorar norma sob o argumento de sua inconstitucionalidade, uma vez que tal apreciação é exclusiva do Poder Judiciário, nos termos dos artigos 97 e 102 da Constituição Federal. Tal questão é, inclusive, objeto da Súmula 02 do CARF.
Diante da norma existente no mundo jurídico, deverá aplicá-la obrigatoriamente por força do art. 116, inciso III, da Lei 8.112/90, preceito o qual se repete no artigo 41, inciso IV, do Anexo II, do Regimento Interno do Conselho Administrativo de Recursos Fiscais (Portaria MF nº 256, de 22/06/2009).

5.1.1 Análise dos Acórdãos 3802-000.969 e 3802-01.036

Nas decisões acima, o relator manifestou-se no sentido de que os princípios da proporcionalidade e da razoabilidade se aplicam apenas ao Poder Legislativo e ao Poder Judiciário. Essa não é a exegese extraída do disposto no artigo 2º da Lei n. 9.784/99[230], que traz ambos os princípios como informadores do processo na via administrativa.[231]

Vê-se que nos caso em questão a limitação em discutir a norma repousa não apenas no princípio da legalidade tributária, prevista no

---

[230] Esta lei se aplica subsidiariamente ao processo administrativo fiscal, por força do disposto no art. 69, *verbis*: "art. 69. Os processos administrativos específicos continuarão a reger-se por lei própria, aplicando-se-lhes apenas subsidiariamente os preceitos desta Lei."

[231] Dispõe o *caput* do art. 2º dessa lei que a Administração Pública obedecerá aos princípios da legalidade, finalidade, motivação, **razoabilidade**, **proporcionalidade**, moralidade, ampla defesa, contraditório, segurança jurídica, interesse público e eficiência (grifou-se); e o inciso VI, que nos processos administrativos serão observados os critérios de adequação entre meios e fins, vedada a imposição de obrigações, restrições e sanções em medida superior àquelas estritamente necessárias ao atendimento do interesse público.

art. 150, I, da CF, mas também no art. 116, III, da Lei n. 8.112/90, o chamado "Estatuto dos Servidores Públicos", que estabelece como um dos deveres do servidor "observar as normas legais e regulamentares", e ainda no Regimento Interno do CARF.

A decisão traz entendimento de que, uma vez editada lei, cumpre ao julgador do CARF verificar se a exigência tributária foi efetuada nos termos nela prescritos, ou seja, se houve a subsunção do fato à norma. Devido ao fato de que o lançamento é uma atividade vinculada à lei, o espaço para a Administração ponderar a aplicação de penalidades é restrito aos limites traçados em lei pelo Poder Legislativo.

5.2 Multa por Atraso na Entrega da Guia de Recolhimento do FGTS e de Informações à Previdência Social (GFIP) – Acórdão 2302-01-528

Trata-se de acórdão proferido pela Terceira Câmara da Segunda Turma de Julgamento do CARF. Foi aplicado ao contribuinte multa por atraso na entrega da GFIP. Em seu recurso o interessado requereu aplicação do princípio da proporcionalidade.

Na análise, o relator emitiu voto nos termos da ementa a seguir.

> PRINCÍPIOS JURÍDICOS. PROPORCIONALIDADE. APLICAÇÃO DA MULTA. PRESUNÇÃO DE CONSTITUCIONALIDADE DAS LEIS.
> Não há dúvida da importância dos princípios para o ordenamento jurídico, pois os mesmos são vetores para a elaboração dos atos normativos, devendo ser observados pelo Poder Legislativo na elaboração das leis. Portanto são direcionados ao legislador, sendo critérios pré-legais, e caso não sejam observados, e seja publicada uma lei com ofensa a princípios constitucionais, cabe análise e censura pelo Poder Judiciários. Entretanto, uma vez sendo publicada a lei, há presunção de constitucionalidade da mesma, e cabe ao Poder Executivo cumprir e executar as determinações legais, sem que se faça juízo de valoração do ato, sob pena de fragilidade do ordenamento constitucional, e invasão de atribuição entre os Poderes. O Poder Executivo somente utilizará os princípios na hipótese de falta de disposição expressa legal, conforme previsto no art. 108 do CTN: logo, se há dispositivo legal, não cabe aplicação direta dos princípios em detrimento do ato legal, sob pena de ofensa ao art. 108 do Codex Tributário.

Na espécie o relator invocou a aplicação do princípio da proporcionalidade apenas na hipótese de lacuna da lei, nos termos preconizados no art. 108 do CTN.

Manifestou o entendimento de que o princípio da proporcionalidade é dirigido ao legislador, não cabendo sua aplicação pelo Poder Executivo. Nesse julgado, funcionou o princípio da presunção de constitucionalidade das leis como mais um fator de limitação da interpretação administrativa.

5.2.1 *Análise do Acórdão 2302-01-528*

O caso em questão não difere dos casos anteriores. Demonstra o acórdão que o julgador administrativo está jungido ao princípio da legalidade. Trata o princípio da proporcionalidade como exortação, aplicável somente como integração, em caso de lacuna da lei.

5.3 Multa por Atraso na Entrega da DCTF – Acórdão 303-35.880 do 3º Conselho de Contribuintes

Trata-se de aplicação de multa por atraso na entrega da DCTF, dos anos-calendário de 2003 e 2004. A 3ª Câmara do então 3º Conselho de Contribuintes negou provimento ao recurso voluntário do contribuinte com fundamento no fato de que não compete ao colegiado analisar a inconstitucionalidade da norma. No caso, buscava a recorrente, com base nos princípios da razoabilidade e da proporcionalidade, aplicação, ao caso concreto, do comando inserido no art. 71 do Código Penal, que trata da figura do crime continuado (hipótese em que infrações subsequentes são consideradas continuação da primeira).

A decisão, unânime, foi no sentido da ementa abaixo:

> ASSUNTO: OBRIGAÇÕES ACESSÓRIAS Ano-calendário: 2003, 2004 INCONSTITUCIONALIDADE DE LEI E DECRETOS-LEI: Princípios do Não-confisco, da Proporcionalidade e da Razoabilidade. Nesta via administrativa torna-se inoperante a argüição de inconstitucionalidade de dispositivos da legislação tributária, material e formalmente válidos. Como é cediço, em nome da repartição dos Poderes, essa tarefa é de competência exclusiva do Poder Judiciário.

5.3.1 *Análise do Acórdão 303-35.880 do 3º CC*

Esse acórdão demonstra o entendimento predominante no CARF, no sentido da negativa de apreciação de inconstitucionalidade de ato normativo no âmbito do contencioso administrativo, conforme legislação referenciada.

Foi visto no Capítulo 4 que no REsp 601.351/RN, a Ministra Eliana Calmon considerou que não era razoável a cobrança da multa tributária por infração continuada, a exemplo do crime continuado. Contudo, na esfera administrativa o julgador não tem a independência para afastar a norma em tese.

5.4 Multa de Ofício pelo Não Recolhimento do IPI – Acórdão 3302.005-419

No caso em pauta a autuação decorreu do fato de o contribuinte haver promovido a saída de produtos de estabelecimento caracterizado como equiparado a industrial sem o lançamento de IPI, o que resultou no lançamento de ofício do imposto acrescido de juros e multa de 75%.

No recurso voluntário, alegou o recorrente que a multa aplicada inviabiliza o pagamento do crédito tributário, demonstrando o excesso, desproporcionalidade e falta de razoabilidade.

A Terceira Câmara da Segunda Turma decidiu, por unanimidade, negar provimento ao recurso. A ementa está vazada nos seguintes termos:

> INCONSTITUCIONALIDADE DE ALÍQUOTA DE MULTA. O CARF NÃO É COMPETENTE PARA ANALISAR A INCONSTITUCIONALIDADE DE NORMAS, INCLUSIVE DE ALÍQUOTA DE MULTA. É vedado ao CARF apreciar eventual inconstitucionalidade, ilegalidade, desproporcionalidade, excessividade, onerosidade, irrazoabilidade ou mesmo aptidão para causar a destruição econômica do contribuinte de multa prevista na legislação em vigor, eis que a Súmula CARF n. 02 veda estas análises assim dispondo: 'O CARF não é competente para se pronunciar sobre a inconstitucionalidade de lei tributária.' o que aliás está em consonância com o artigo 26-A da Lei 11.941/2009, segundo o qual 'No âmbito do processo administrativo fiscal, fica vedado aos órgãos de julgamento afastar a aplicação ou deixar de observar tratado, acordo internacional, lei ou decreto, sob fundamento de inconstitucionalidade.'

5.4.1 Análise do Acórdão 3302.005-419

Mais uma vez foram aplicados o art. 26-A da Lei n. 11.941/2009 e a Súmula CARF 02.

5.5 Multa por Compensação Indevida – Acórdão 3003-000.102

Por meio do Acórdão 3003-000.102, a Terceira Turma da Terceira Seção do CARF, por unanimidade, negou provimento ao recurso voluntário apresentado. Na origem, foi aplicada ao contribuinte multa por compensação indevida, no percentual de 50% do valor do crédito declarado, pelo fato de não ter sido comprovado o crédito utilizado na compensação.

O lançamento teve como base legal o artigo 74, § 17, da Lei n. 9.430/96, com a redação dada pela Lei n. 12.249/2010.

No recurso alegou o contribuinte, em síntese, (i) que a multa deve ser aplicada somente nos casos em que houver má-fé da declaração de créditos não homologados; (ii) flexibilidade da penalidade pelo princípio da moralidade expresso no artigo 37 da Constituição da República; (iii) pela interpretação da norma punitiva, somente os modais deônticos "obrigatório" e "proibido" podem ser visualizados no texto legal e que a conduta praticada estaria no terceiro e derradeiro modal (permitido), fato que afastaria a aplicação da multa; (iv) que a Administração Tributária deveria aferir, caso a caso, a existência de má-fé quando transmitida Declaração de Compensação não homologada; (v) que a multa aplicada não obedece aos princípios da proporcionalidade e da razoabilidade.

Ao apreciar o recurso o relator consignou, resumidamente:

(i) que o art. 113, § 3º, do CTN, dá tratamento objetivo às multas em matéria tributária, não havendo espaço para discussão de elementos subjetivos como a boa-fé; (ii) que o CARF não se presta a avaliar boa-fé ou má-fé da recorrente, até mesmo pela dificuldade de aferição destes critérios e impossibilidade de prová-los, seja por documentos ou com prova pericial; (iii) que há expresso texto regimental, com força normativa, que impõe aos membros do colegiado a obrigatoriedade de aplicação de lei; (iv) que os princípios da proporcionalidade e da razoabilidade existem, na sua plenitude, para nortear atos administrativos discricionários e o lançamento de multa tributária é atividade plenamente vinculada; (v) em conclusão, o § 17 do artigo 74 impõe somente uma condicionante para aplicação da multa: a não homologação do crédito declarado.

Ao final o acórdão restou assim ementado:

MULTA AGRAVADA. ART 74, § 17 LEI 9.430/1996
O § 17 do artigo 74 condiciona a aplicação da multa unicamente à não homologação do crédito. Há expresso texto regimental, com força normativa, que impõe aos membros do colegiado a obrigatoriedade de aplicação de lei vigente.
PRINCÍPIOS DA MORALIDADE, PROPORCIONALIDADE E RAZOABILIDADE
O lançamento de multa tributária obrigação principal por força do artigo 113 do CTN, não atribui discricionariedade à Autoridade Fiscal.

5.5.1 Análise do Acórdão 3003-000.102

A multa por compensação indevida, prevista no § 17 do art. 74 da Lei nº 9.430/96, foi objeto de estudo no Capítulo 3, onde ficou demonstrado que se trata de penalidade draconiana, uma vez que não faz distinção se o ato é praticado de boa-fé ou de má-fé e que sobre referido dispositivo legal foi ajuizada a ADI 4.905 e com repercussão geral reconhecida nos autos do RE 796.939, ainda pendentes de julgamento. Embora na Administração tenha o intérprete mais liberdade para aplicar os princípios da proporcionalidade e da razoabilidade em atos discricionários, é possível sua utilização em atos vinculados, conforme se verá a seguir.

5.6 Multa por Atraso na Entrega da Declaração do Imposto de Renda Pessoa Física – Acórdão 106-16.574 do 1º CC

Por meio do acórdão 106-16.574, os membros da sexta câmara do então Primeiro Conselho de Contribuintes, por unanimidade de votos, deram provimento ao recurso interposto por contribuinte. A Fiscalização lhe havia aplicado multa por atraso na entrega da declaração do Imposto de Renda da Pessoa Física, relativa ao ano-calendário de 2002. Referido contribuinte estava sujeito à entrega da declaração tão somente pelo fato de ser sócio de empresa.[232]

---

[232] Nos termos da IN SRF nº 290, de 30 de janeiro de 2003, art. 1º III.

Tendo comprovado que a empresa da qual era sócio estava com a falência decretada desde 19/08/98, os conselheiros concluíram que a exigência da apresentação da declaração só faz sentido para aqueles casos em que a perfeita identificação do sócio ou de seus bens é relevante para a Fazenda Pública. O relator aplicou ao caso os princípios da finalidade, razoabilidade e proporcionalidade, previstos no art. 2º da Lei n. 9.784/99.

O acórdão em tela possui a seguinte ementa:

> IRPF – OBRIGATORIEDADE DE ENTREGA DA DECLARAÇÃO DE RENDIMENTOS – MULTA POR ATRASO NA ENTREGA
> Em observância às determinações do artigo 2º da Lei nº 9.784, de 1999, que impõe a obediência aos princípios da finalidade, razoabilidade e proporcionalidade, entendo que, decretada a falência, com a nomeação de um síndico para gerir os bens e obrigações da empresa, e se responsabilizar pela guarda de livros e documentos, deixa de existir o motivo que obrigava a pessoa física que participa do seu quadro societário à entrega da declaração de ajuste anual.

5.6.1 Análise do Acórdão 106-16.574 do 1º CC

Esse é um dos raros casos em que o antigo Conselho de Contribuintes, atual CARF, aplicou os princípios da razoabilidade e da proporcionalidade. Nesse julgado o relator convenceu os demais conselheiros que a situação concreta exigia um tratamento mais adequado em face da falência decretada pela empresa da qual o autuado era sócio, sendo que a responsabilidade de gerir os negócios já era do síndico. Ressalte-se que a multa por atraso na entrega da declaração da pessoa física é de diminuto valor. Trata-se de afastar a sanção, dadas as circunstâncias materiais do caso concreto. Não se pode aplicar sanção pautando-se numa perspectiva puramente causalista. A multa tributária é uma punição que afeta o patrimônio do contribuinte. Seria injusto desconsiderar as circunstâncias em que se deram os fatos.

5.7 Exclusão do Simples Nacional – Acórdão 1202-00-604

Trata-se de reinclusão de contribuinte no Simples Nacional. A empresa havia sido excluída deste regime em virtude da existência de débitos.

No recurso, alegou a inexpressividade do débito de R$ 15,15. Referiu-se ao art. 18 da Lei n. 10.522/2002, alterada pela Lei n. 11.033/2004, que dispensa a constituição de créditos tributários de valor inferior a R$ 100,00, e invocou o princípio da insignificância e da proporcionalidade, dentre outros.

O relator acolheu os argumentos e deu provimento ao recurso voluntário, para o restabelecimento da recorrente no regime do Simples Nacional.

Assim se manifestou o relator do acórdão:

> Existindo lei que dispensa a constituição de créditos tributários de valores inferiores a R$ 100,00, não subsiste interesse nem razão plausível para se excluir do Simples uma empresa cujo débito é R$ 15,15, que fere o princípio da razoabilidade, do processo administrativo geral. Ademais, por analogia, e considerando o princípio da proporcionalidade, também característico do processo administrativo, como orienta o art. 108 do CTN, é legítimo e de justiça acolher-se a pretensão da Recorrente.

Esse acórdão possui a seguinte ementa:

> SIMPLES NACIONAL – REINCLUSÃO – PRINCÍPIO DA INSIGNIFICÂNCIA – RAZOABILIDADE
> Em face a demonstrada insignificância do débito apurado, depois comprovado que foi compensado em declaração retificadora, em respeito aos princípios que regem o processo administrativo geral, da razoabilidade e da proporcionalidade, e em face a interpretação analógica ao disposto na Lei nº 10.522, de 2002, posteriormente alterada pela Lei nº 11.033, de 2004, pelo valor ínfimo do débito, é de se reconhecer a legitimidade de reinclusão no regime tributário simplificado.

5.7.1 *Análise do Acórdão 1202-00-604*

Há situações em que um ato administrativo vinculado, apesar de formalmente legal, implica afronta aos princípios da razoabilidade e da proporcionalidade, ao impor medidas desarrazoadas e desproporcionais em relação ao bem jurídico que se busca preservar com a lei que o vincula. Foi o que se deu no caso em questão, em que a empresa foi excluída do Simples Nacional por um débito de valor irrisório. O CARF, em face das circunstâncias materiais do caso concreto, entendeu por bem dispensar a aplicação da multa de diminuto valor (R$ 15,15), aplicando, por analogia, lei que dispensa a constituição de créditos tributários de valores inferiores a R$ 100,00.

Acaso mantida a exclusão, frustrados estariam os objetivos constitucionais do sistema das micro e pequenas empresas, preconizados no art. 179 da Carta Magna.

5.8 Análise Geral das Decisões

Como visto, o CARF pauta seus julgamentos no princípio da legalidade, na responsabilidade objetiva e na vedação de apreciação de constitucionalidade de atos normativos, que constituem obstáculos à apreciação dos princípios da proporcionalidade e da razoabilidade.

Contudo, embora o lançamento tributário seja um ato administrativo vinculado à lei, por força do art. 142, parágrafo único, do CTN, é possível encontrar julgados desse tribunal administrativo que se fundamentam nesses princípios, para afastar a imposição de penalidades, dadas as circunstâncias materiais ou pessoais do caso concreto – como por exemplo, quando está em análise crédito tributário de diminuto valor –, embora, ao utilizá-los, não façam nenhuma referência a algum processo racional de controle do ato questionado, nem mesmo um real cotejo entre os fins almejados e os meios utilizados.

Conclusões

Diversas conclusões podem ser extraídas do que foi exposto no decorrer do estudo. Seguem adiante as que se consideram mais relevantes:

Como regra, as normas jurídicas são divididas em duas categorias pela doutrina: regras e princípios. Ronald Dworkin e Humberto Ávila acrescentaram as políticas e os postulados, respectivamente. Os princípios são tradicionalmente definidos em razão de sua fundamentalidade ou em razão de sua estrutura normativa. Os postulados normativos, por sua vez, são normas que apenas estruturam a aplicação de outras normas.

A Constituição é um sistema aberto de regras e princípios. O sistema jurídico constitucional configura-se aberto justamente porque necessita de se inter-relacionar com a realidade fática, estando propenso às mudanças históricas e valorativas.

A Constituição Brasileira é em sua grande parte principiológica, possuindo princípios explícitos e implícitos em seus dispositivos. Dentre os princípios constitucionais implícitos ressaltam os da proporcionalidade e da razoabilidade, os quais, em suas modernas acepções, têm origens históricas distintas, aquele oriundo do direito administrativo alemão, e este decorrente da evolução da cláusula do devido processo legal para uma dimensão substantiva.

Embora tais princípios tenham finalidades semelhantes, diferenciam-se entre si. A proporcionalidade possui uma feição material e objetiva mais estruturada, a qual se expressa nos elementos da adequação, da necessidade e da proporcionalidade no sentido estrito quando da análise da relação meio-fim no ato jurídico posto sob exame. Já a razoabilidade se expressa em termos mais subjetivos, operando no campo hermenêutico na verificação da sintonia entre o critério e a medida adotados no ato jurídico examinado.

Em que pese tratar-se de princípios distintos, não só pela origem, mas por suas características, ambos os cânones se revelam como importantes instrumentos de controle dos atos estatais abusivos, especialmente no âmbito da chamada hermenêutica pós-positivista, que se funda na ponderação dos princípios e valores constitucionais com vistas à solução de litígios.

Esses princípios qualificam-se como parâmetro de aferição da constitucionalidade material dos atos estatais, consoante tem demonstrado a jurisprudência do STF.

Os princípios em questão extraem a sua justificação dogmática de diversas cláusulas constitucionais, notadamente daquela que veicula a garantia do devido processo legal em sua feição substantiva (art. 5º, LIV).

Não há consenso na doutrina se proporcionalidade e razoabilidade são regras, princípios ou postulados. Por se tratar de normas fundamentais do sistema se qualificam melhor como princípios. Contudo, seja qual for sua classificação, o importante é que esses princípios assumem relevância prática na ponderação de valores postos em confronto na solução de litígios tributários, em especial na imposição de sanções.

Tais cânones qualificam-se como princípios de interpretação e aplicação do Direito, embora a proporcionalidade possua também uma característica material.

Especificamente no âmbito do Direito Tributário, os princípios da proporcionalidade e da razoabilidade têm aplicação concreta, tanto na análise abstrata das normas tributárias quanto na solução dos litígios instaurados entre os contribuintes e as Fazendas Públicas, constituindo esses princípios fundamental instrumento de controle das sanções tributárias.

No que se refere ao emprego da proporcionalidade em sua forma estruturada pelo STF, tem o mesmo, graças à contribuição dada pela doutrina, sido crescente, representando importante instrumento de combate ao arbítrio e ao subjetivismo judicial, e desse modo contribuindo para a racionalização da decisão judicial e para o equilíbrio entre os poderes. Já no âmbito do STJ não se verificou nenhuma aplicação deste princípio com os seus subelementos.

No âmbito do contencioso administrativo, a utilização desses princípios para decidir litígios ainda é incipiente, em face das limitações impostas ao julgador pelo princípio da legalidade, pela responsabilidade objetiva e pela vedação ao exame de constitucionalidade de norma tributária, nos termos do art. 26-A do Decreto n. 70.235/72.

Na aplicação do princípio da proporcionalidade pelo STF tem prevalecido a natureza formal desse princípio.

O instrumento tradicional desse tribunal para enfrentar questões relativas a multas abusivas é o princípio da vedação ao confisco. A proporcionalidade e a razoabilidade entram como argumentos secundários.

Quanto à aplicação da pena de perdimento, tem o STJ decidido no sentido de que o juízo de proporcionalidade, com o exame do dano efetivo ao erário e da culpabilidade na conduta, se faz imprescindível para autorizar a sua aplicação, o que só pode ser verificado na análise do caso concreto. Neste Tribunal, a proporcionalidade e a razoabilidade são utilizadas de forma simplista, como mero recurso de retórica. Não se observou nenhuma situação de aplicação dos subprincípios da proporcionalidade.

No campo das sanções políticas, o STF tem historicamente confirmado e garantido a proibição dessas sanções invocando, para tanto, o direito ao exercício de atividades econômicas e profissionais lícitas, a violação do devido processo legal substantivo (falta de proporcionalidade e razoabilidade de medidas gravosas que se predispõem a substituir os mecanismos de cobrança de créditos tributários) e a violação do devido processo legal, ressaltando, contudo, que não há que se falar em sanção política se as restrições à prática de atividade econômica objetivam combater estruturas empresariais que têm na inadimplência tributária sistemática e consciente sua maior vantagem concorrencial.

Resta, portanto, concluir que o STF, o STJ e o CARF – este em menor escala –, têm recorrido aos princípios da proporcionalidade e da razoabilidade para solucionar controvérsias relativas a sanções tributárias.

REFERÊNCIAS

ALEXY, Robert. **Teoria dos direitos fundamentais.** Tradução de Virgílio Afonso da Silva. 2. ed., 5ª tir. São Paulo: Malheiros Editores, 2017.

Amaro, Luciano. **Direito tributário brasileiro.** 23. ed. São Paulo: Saraiva, 2019.

ATALIBA, Geraldo. **República e Constituição.** 2. ed. atual. São Paulo: Malheiros, 2001.

Ávila, Humberto Bergmann. A distinção entre princípios e regras e a redefinição do dever de proporcionalidade. **Revista de Direito Administrativo** n. 215, Rio de Janeiro, Renovar, 1999, p. 151-179.

_____. **Teoria dos princípios: da definição à aplicação dos princípios jurídicos.** 18. ed., rev. e atual. São Paulo: Malheiros, 2018.

BALEEIRO, Aliomar. **Limitações Constitucionais ao poder de tributar.** Atualização de Mizabel Abreu Machado Derzi. 7. ed. Rio de Janeiro: Forense, 1987.

BARACHO, Luiz Fernando. A declaração de inconstitucionalidade de leis e atos normativos no processo administrativo tributário. **Revista Eletrônica do Curso de Direito – PUC Minas Serro** – n. 8 – jun./dez. 2013, p. 47-78.

BARCELLOS, Ana Paula de. **Ponderação, racionalidade e atividade jurisdicional.** Rio de Janeiro: Renovar, 2005.

BARROS, Suzana de Toledo. **O princípio da proporcionalidade e o controle de constitucionalidade das leis restritivas de direitos fundamentais.** 3. ed. Brasília: Brasília Jurídica, 2003.

BARROSO, Luis Roberto. **Curso de direito constitucional contemporâneo:** os conceitos fundamentais e a construção do novo modelo. São Paulo: Saraiva, 2010.

_____. Dez anos da Constituição de 1988 (foi bom pra você também?). **Revista de Direito Administrativo,** Rio de Janeiro, 214:1-25, out.dez 1998.

_____. Fundamentos Teóricos e Filosóficos do Novo Direito Constitucional Brasileiro. In: BARROSO, Luís Roberto (org.). **A nova interpretação Constitucional**: Ponderação, Direitos Fundamentais e Relações Privadas. Rio de Janeiro: Renovar, 2006.

_____. **Interpretação e aplicação da Constituição:** fundamentos de uma dogmática constitucional transformadora. 6. ed. rev., atual. e ampl. São Paulo: Saraiva, 2004.

BASTOS, Celso Ribeiro. **Hermenêutica e interpretação constitucional.** São Paulo: Celso Bastos Editor; Instituto Brasileiro de Direito Constitucional, 1997.

BONAVIDES, Paulo. **Curso de Direito Constitucional.** 33. ed. São Paulo: Malheiros, 2018.

BRASIL. Superior Tribunal de Justiça. Recurso Especial 1.214.862. Recorrente: Fazenda Nacional. Recorrido: Tottiani – Comércio de Material Hidráulico ltda. Relator: Ministro Cesar Asfor Rocha. 2ª turma. Brasília.

_____. Superior Tribunal de Justiça. Recurso Especial 576.300/SC. Recorrente: Fazenda Nacional. Recorrido: Windstor Holding Inc. Relator: Ministra Eliana Calmon. Brasília, 4 de agosto de 2005. Publicação: 05.09.2005.

_____. Superior Tribunal de Justiça. Recurso Especial 597.606/SC. Recorrente: Fazenda Nacional. Recorrido: João Cândido da Silva Neto. Relator: Ministra Eliana Calmon. Brasília, 28 de junho de 2006. Publicação: 15.08.2005.

BRASIL. Superior Tribunal de Justiça. REsp 928.354/SP. Recorrente: Fazenda Nacional. Recorrido: Yellow River Comércio Importação e Exportação Ltda. Relatora: Ministra Eliana Calmon. 2ª turma. Brasília, 4 de setembro de 2008. Publicação: 08.10.2008.

_____. Superior Tribunal de Justiça. Recurso Especial n. 1.072.040/PR. Recorrente: Edir Luiz Petry. Recorrido: Fazenda Nacional. Relator: Benedito Gonçalves. 1ª turma. Brasília, 8 de setembro de 2009. Publicação: 21.09.2009.

_____. Supremo Tribunal Federal. Ação Cautelar n. 1657 MC. Requerente: American Virginia Indústria e Comércio Importação e exportação de Tabacos Ltda. Requerido: União. Relator: Ministro Joaquim Barbosa,

Relator p/ Acórdão: Min. Cezar Peluso. Tribunal Pleno. Brasília, 27 de junho 2007. Diário de Justiça Eletrônico 092, 30.08.2007.

_____. Supremo Tribunal Federal. Ação Direta de Inconstitucionalidade n. 551-1/RJ. Tribunal Pleno. Relator: Ministro Ilmar Galvão. Julgamento: 24.10.2002. Diário de Justiça da União, 14.02.2003.

_____. Supremo Tribunal Federal. Ação Direta de Inconstitucionalidade n. 1.075-/DF. Tribunal Pleno. Reqt: Confederação Nacional do Comércio – CNC. Intdo: Presidente da República e Congresso Nacional. Relator Ministro Celso de Mello. Brasília, 17 de junho de 1998. **Diário da Justiça da União,** 24.11.2006.

_____. Supremo Tribunal Federal. Ação Direta de Inconstitucionalidade 173-6/DF e 394-1/DF. Relator Ministro Joaquim Barbosa. Tribunal Pleno. Brasília, 25 de setembro de 2008. **Diário de Justiça Eletrônico-053,** 19.03. 2009.

_____. Supremo Tribunal Federal. Ação Direta de Inconstitucionalidade 855-2. Relator Ministro Octávio Gallotti. Tribunal Pleno. Brasília, 06 de março de 2008, **Diário de Justiça Eletrônico-059,** 27.03.2008.

_____. Supremo Tribunal Federal. Medida Cautelar na Ação Declaratória de Inconstitucionalidade n. 855-2. Relator Ministro Sepúlveda Pertence. Tribunal Pleno. Brasília, 1 de janeiro de 1993. **Diário da Justiça da União,** 01.10.93.

_____. Supremo Tribunal Federal. Ação Direta de Inconstitucionalidade n. 1976-1/DF. Relator Joaquim Barbosa. Brasília, 28 de março de 2007. **Diário de Justiça,** 18.05.2007.

_____. Supremo Tribunal Federal. Ação Declaratória de Inconstitucionalidade n. 4.905 MC/DF. Relator atual Ministro: Gilmar Mendes.

_____. Supremo Tribunal Federal. Ação Direta de Inconstitucionalidade n. 5.135-DF. Relator Roberto Barroso. Brasília, 09 de novembro de 2016.

_____. Supremo Tribunal Federal. Repercussão Geral no RE 796.939. Relator Ministro Ricardo Lewandowski. Brasília, 29 de maio de 2014.

_____. Supremo Tribunal Federal. Recurso Extraordinário n. 18.331. Relator Ministro Orozimbo Nonato. RF nº 145, 1953. p. 164-169.

_____. Supremo Tribunal Federal. RE 79.625/SP. Relator Ministro Cordeiro Guerra. Data do julgamento: 14.08.1975. Data da Publicação: 8.07.1976.

_____. Supremo Tribunal Federal. RE 591.033, Relatora Ministra Ellen Gracie Julgamento em: 17.11.2010. Publicado em: 25.02.2011.

_____. Supremo Tribunal Federal. Recurso Extraordinário n. 550.769. Relator: Min. Joaquim Barbosa. Brasília, 28 fevereiro de 2008. Publicação: 27.02.2013.

BUECHELE, Paulo Armínio Tavares. **O princípio da proporcionalidade e a interpretação da Constituição.** Rio de Janeiro: Renovar, 1999.

CANOTILHO, José Joaquim Gomes. **Direito constitucional e teoria da Constituição.** 7.ed. Coimbra: Almedina, 2003.

CARRAZZA, Roque Antonio. **Curso de direito constitucional tributário.** 22. ed. rev. ampl. e atual. até a EC 52. São Paulo: Malheiros, 2006.

CARVALHO, Paulo de Barros. **Direito tributário:** linguagem e método. 3. ed. rev. e ampl. São Paulo: Noeses, 2009.

CHINELATO, João Marcelo Torres. **Interpretação e aplicação do direito pelos tribunais administrativos: conjecturas formuladas a partir da experiência do CARF.** 2014. 78 f. Dissertação (Mestrado em Direito) – Universidade Católica de Brasília, Brasília.

COELHO, Inocêncio Mártires. **Interpretação constitucional.** Porto Alegre: Sergio Antonio Fabris Editor, 1997.

COELHO, Sacha Calmon Navarro. **Teoria e prática das multas tributárias.** 2. ed. Rio de Janeiro: Forense, 1992.

CONRADO, Paulo César. **Controle de constitucionalidade pelos tribunais administrativos.** São Paulo: Malheiros, 1999.

COSTA, Alexandre Araújo. **O controle de razoabilidade no direito comparado.** Brasília: Thesaurus, 2008.

CRETTON, Ricardo Aziz. **Os Princípios da proporcionalidade e da razoabilidade e sua aplicação no direito tributário.** Rio de Janeiro: Ed. Lumen Juris, 2001.

DI PIETRO, Maria Sylvia Zanella. **Discricionariedade administrativa na Constituição de 1988.** 2. ed. São Paulo: Atlas, 2001.

DWORKIN, Ronald. **Levando os direitos a sério.** Tradução de Nelson Boeira. 3. ed. São Paulo: WMF Martins Fontes, 2010.

ESPÍNDOLA, Ruy Samuel. **Conceito de princípios constitucionais:** elementos teóricos para uma formulação dogmática constitucionalmente adequada. São Paulo: Editora Revista dos Tribunais, 1998.

FERRAZ, Roberto (coord). **Princípios e limites da tributação 2:** os princípios da ordem econômica e a tributação. São Paulo: Quartier Latin, 2009.

REFERÊNCIAS

FERREIRA, Rony. Perdimento de bens. In: FREITAS, Vladimir Passos de (coord.). **Importação e exportação no direito brasileiro.** São Paulo: RT, 2004.

FRANCO JÚNIOR, Nilson José. **Sanções políticas em matéria tributária.** Curitiba: CRV, 2017.

GRAU, Eros Roberto. **A ordem econômica na Constituição de 1988: interpretação e crítica.** 3. ed. São Paulo: Editora Revista dos Tribunais, 1997.

GUERRA FILHO, Willis Santiago. Sobre o princípio da proporcionalidade. In: LEITE, George Salomão (org.). **Dos princípios constitucionais.** São Paulo: Editora Método, 2008.

_____. **Processo Constitucional e Direitos Fundamentais.** 2. ed. rev. e ampl. São Paulo: Celso Bastos Editor: Instituto Brasileiro de Direito Constitucional, 2001.

_____. **Teoria processual da Constituição.** São Paulo: Celso Bastos Editor, 2000.

HÄBERLE, Peter. **Hermenêutica Constitucional.** A sociedade aberta dos intérpretes da Constituição: contribuição para a interpretação pluralista e "procedimental" da Constituição. Porto Alegre: Sergio Antonio Fabris Editor, 2002.

MACHADO, Hugo de Brito. **Curso de direito tributário.** 40. ed. rev. e ampl. São Paulo: Malheiros, 2019.

_____. Sanções Políticas no Direito Tributário. **Revista Dialética de Direito Tributário,** São Paulo, Dialética, n. 30, p. 46-47, mar. 1998.

MEIRA, Liziane Angelotti. **Tributos sobre o comércio exterior.** São Paulo: Saraiva, 2012.

MELLO, Celso Antônio Bandeira de. **Curso de direito administrativo.** 17. ed. São Paulo: Malheiros, 2004.

MENDES, Gilmar Ferreira; BRANCO, Paulo Gustavo Gounet. **Curso de direito constitucional.** 6. ed. rev. e atual. São Paulo: Saraiva, 2011.

NEDER, Marcos Vinicius; LÓPEZ, Maria Teresa Martínez. **Processo administrativo fiscal federal comentado.** São Paulo: Dialética, 2002.

PADILHA, Maria Ângela Lopes Paulino Padilha. **As sanções no direito tributário.** São Paulo: Noeses, 2015.

PAULSEN, Leandro. **Direito tributário e código tributário à luz da doutrina e da jurisprudência.** 17. ed. Porto Alegre: Livraria do Advogado, 2015.

PIRES, Diego Bruno de Souza. Princípio da proporcionalidade *versus* razoabilidade. Âmbito Jurídico, Rio Grande, v. 10, n. 46, out 2007. Disponível em: <http://www.ambito-juridico.com.br/site/index.php?n_link=revista_artigos_leitura&artigo_id=2428>. Acesso em: 23 maio 2016.

PONTES, Helenilson Cunha. **O princípio da proporcionalidade e o direito tributário.** São Paulo: Ed. Dialética, 2000.

PUHL, Adilson Josemar. **O princípio da proporcionalidade ou da razoabilidade como instrumento assegurador dos direitos e garantias fundamentais e o conflito de valores no caso concreto.** São Paulo: Editora Pillares, 2005.

QUEIROZ, Saulo Pinheiro de. **O princípio da proporcionalidade e a sua aplicação ao regime sancionatório dos contratos administrativos.** Pará de Minas: Virtual Books Editora, 2016.

RIBEIRO, Marcelo Miranda. A proporcionalidade e a razoabilidade como limites ao poder estatal de criar deveres instrumentais obrigatórios. **Revista de Estudos Jurídicos,** a.16, n. 23, 2012, p. 215-239.

SANTOS, Gustavo Ferreira. **O princípio da proporcionalidade na jurisprudência do Supremo Tribunal Federal:** limites e possibilidades. Rio de Janeiro: Editora Lumen Juris, 2004.

SAPUCAIA, Rafael Vieira Figueiredo. O modelo de regras e princípios em Robert Alexy. Âmbito Jurídico, Rio Grande, v. 14, n. 93, out. 2011. Disponível em: <http://www.ambitojuridico.com.br/site/index.php?n_link=revista_artigos_leitura&artigo_id=10552>. Acesso em: 24 maio 2017.

SARMENTO, Daniel. **A ponderação de interesses na Constituição federal.** Rio de Janeiro: Lumen Juris, 2000.

SCHOUERI. Luis Eduardo. **Direito tributário.** 7. ed. São Paulo: Saraiva, 2017.

SILVA, Ana Paula Cadin da. **Aplicação dos princípios da razoabilidade e da proporcionalidade na jurisprudência tributária brasileira.** 102 f. Dissertação (Mestrado em Direito Político e Econômico) – Universidade Presbiteriana Mackenzie. 2010. São Paulo. 2010.

SILVA, José Afonso. **Curso de Direito Constitucional Positivo.** 33. ed. São Paulo: Malheiros, 2010.

SILVA, Paulo Roberto Coimbra. **Direito tributário sancionador.** São Paulo: Quartier Latin, 2007.

SILVA, Virgílio Afonso. **Direitos Fundamentais:conteúdo essencial, restrições e eficácia.** 2. ed. 2. tiragem. São Paulo: Malheiros Editores, 2011.

_____. O proporcional e o razoável. **Revista dos Tribunais,** São Paulo, ano 91, v. 798, p. 23-50, 2002.

SOARES, Gabriela Mansur; CAMPOS, Mariano Henrique Maurício de. **Análise da aplicação do postulado da proporcionalidade no Supremo Tribunal Federal.**Disponível em: <https://www.agu.gov.br/page/download/index/id/999851>. Acesso em: 23 mar. 2018.

STEINMETZ, Wilson Antônio. **Colisão de direitos fundamentais e princípio da proporcionalidade.** Porto Alegre: Livraria do Advogado, 2001.

STUMM, Raquel Denize. **Princípio da proporcionalidade no direito constitucional brasileiro.** Porto Alegre: Livraria do Advogado, 1995.

TORRES, Ricardo Lobo. **Tratado de direito constitucional financeiro e tributário: os direitos humanos e a tributação:** imunidade e isonomia. 3. ed. rev. e atual. até 31 de dezembro de 2003. Rio de Janeiro: Renovar, 2005. v. 3.